GIGAスクール構想対応

実践事例でわかる！

タブレット活用授業

田中 博之

JN011324

学陽書房

はじめに　いよいよ「子ども１人に１台端末」の時代が来た！

　GIGAスクール構想が2019年に政府から提案されて、驚くべきことにこの３年間ほどですべての小・中学生に１人１台ずつタブレットなどの端末が貸与されることになりました。

　これまでも政府は我が国の情報教育の推進に積極的でしたが、それにあてたほとんどの国の予算は地方交付税交付金によって各自治体に提供されていたため、実際には学校にICT機器として導入される前に、橋や道路に化けてしまっていました。

　しかし今回は、本当に子どもたち１人に１台ずつの端末が配布されるのです。

　しかも、2020年２月から深刻さを増してきた新型コロナウイルス感染症拡大防止のための休校措置や家庭での在宅リモート学習の推進という政府の新たな危機対応指針に後押しされる形で、１人１台端末の貸与が前倒しとなり、補正予算が組まれることによって、2021年３月内に教員分や予備を含めて合計で1,000万台近い端末がすべての小・中学校に配布されることになりました。

　これはある意味で、戦後最大の教育投資であるといっても過言ではありません。端末によって、学力向上をめざすだけでなく、感染症予防のための家庭学習の支援という意義付けで、いよいよタブレット元年の今年、2021年度にすべての学校でタブレット活用学習が始まります。

　しかし、そこには大きな問題が横たわっています。授業でのタブレットの教育利用法、つまり教育的配慮を十分に行ったタブレット活用術をマスターしている教員は、全体の数％に過ぎないという厳しい現実です。

　学校に入る端末はゲーム機器でもマンガ読み機でもありません。

　まだ、教科書もタブレット活用に十分対応していませんし、国の学習指導要領でさえ、タブレット活用を前提にしては作られていません。

　したがって、多くの教師にとって、タブレットはほとんど無用の長

物となり、せいぜい算数ドリル問題集や動植物カラー事典、そして
YouTube動画鑑賞テレビとしてしか使わなくなってしまう可能性が
あります。

　そこで、本書では、タブレットが来れば初心者の先生にでも明日か
らの授業ですぐに使える、効果的なタブレット活用術を授業写真と実
践解説により、小・中学校合わせて28事例掲載しています。
　しかも、新学習指導要領におけるこれからの授業改善の新指針であ
る「主体的・対話的で深い学び」に完全対応していることも本書の大
きな特長です。
　授業でのタブレットの活用方法に迷ったときに、研究授業でタブ
レットを使うよいアイデアが欲しいときに、子どもたちに思考力・判
断力・表現力がつく新しい活用術を知りたいときに、ぜひ理論と実践
を関連付けてタブレット活用術をわかりやすくコンパクトに解説した
本書で学んでいただけることを願っています。

　さて、本書を生み出す上で多大なるご支援をいただきました、（株）ベ
ネッセコーポレーションの木村祥子様と宮下朋士様に深く感謝申し上げ
ます。
　また、本書の編集にあたりご尽力を賜りました、学陽書房編集部の
河野史香様に御礼申し上げます。ありがとうございました。
　さらに、本書の多くの事例は、大阪市立本田小学校の先生方による
実践研究によって生み出されましたことを記して感謝申し上げます。
とくに、銭本三千宏校長先生及び首席の流田賢一先生には格別のご支
援を賜りましたこと、厚く御礼申し上げます。
　日本の子どもたちのタブレット活用が、子どもたちの学力向上と自
己成長のために資するよう心から願っています。

2021年3月吉日

早稲田大学教職大学院　教授

田中　博之

3

CONTENTS

第 **1** 章 　 キーワードでわかる！ GIGAスクール構想

第 **2** 章 　 実際に使ってみよう！ 端末の基本機能や使い方

タブレット端末の基本機能

第**3**章 「主体的な学び」を実現する 実践事例 －初級編－

タイプ1 コンテンツ活用

第**4**章　「対話的な学び」を実現する　実践事例 −中級編−

第**5**章　「深い学び」を実現する　実践事例 −上級編−

第6章 タブレット活用のための教え方

第7章 タブレット活用についてのQ&A

第 1 章

キーワードでわかる！
GIGAスクール構想

▶ GIGAスクール構想とは？

　GIGAスクール構想とは、日本のすべての小・中学校をインターネットの高速回線につないで、すべての児童生徒に１人１台のネットワーク型コンピュータを無償貸与するという、国と地方自治体が実施する、学校におけるICT環境の整備の施策のことです。

　では、それは学校の情報化のための施策としてどのような特徴を持つものなのでしょうか？　文部科学省によれば、次のとおりです。

　「１人１台端末及び高速大容量の通信ネットワークを一体的に整備するとともに、並行して**クラウド**活用推進、ICT機器の整備調達体制の構築、利活用優良事例の普及、利活用の**PDCAサイクル**徹底等を進めることで、**多様な子供たち**を誰一人取り残すことのない、公正に**個別最適化**された学びを全国の学校現場で持続的に実現させる」施策です（「令和元年度補正予算（GIGAスクール構想の実現）の概要」文部科学省より）。（太字は編集部）

　この定義をみると、この施策が大変幅広いものであることがわかります。

　詳細はp.14から具体的に解説しますが、大切なことは、2018年度から５年計画で進められてきた「教育のICT化に向けた環境整備５か年計画」が、「端末を３クラスに１クラス分配備」という方針を提案し

ていたのに対して、**GIGAスクール構想では急遽全国のすべての児童生徒に１人１台端末を無償貸与する施策へとバージョンアップしたことなのです。**

　そのために、国は2019年12月13日に閣議決定された令和元年度補正予算案において、児童生徒向けの１人１台端末と高速大容量の通信ネットワークを一体的に整備するための経費を盛り込みました。

　これにより、いよいよ我が国でも全国のすべての児童生徒が１人１台端末を無償貸与されて学習に活用する時代が来たのです。

● GIGA（ギガ）ってどんな意味？

　GIGA（ギガ）という用語は、もともとコンピュータの世界では、Gigabyte（ギガバイト）というように、保存や伝達する情報の大きさを示すもので、基準となるもとの大きさの10億倍であることを意味する接頭語です。

　たとえば、USBメモリも最近では容量が16ギガバイトなどのものがほぼ標準になってきています。また、スマートフォンやインターネット回線の速度を示すときにもギガという用語が使われるようになってきました。

　そうした意味を持つ用語「ギガ」を使うことは、これからの学校で高速な通信環境につながった大容量のコンピュータをすべての子どもたちが活用する新事業を示すためには最適の用語だといえるでしょう。

　しかし、実際にはGIGAスクール構想のGIGAは10億倍という意味ではなく、Global and Innovation Gateway for All、つまり、「すべての人のための国際的で革新的な入り口」と訳すことができます。

　もちろん、ギガバイトのギガというニュアンスとの掛詞になっていることはいうまでもありません。

　また、ゲートウェイという単語を選んだのは、それがコンピュータの世界では異なるネットワークを接続する装置という意味ですから、そのニュアンスも含めているといえます。

2 GIGAスクール構想が導入された背景は？

▶ コンピュータ操作スキルの低さが学力低下に影響！？

　では次に、GIGAスクール構想が出てきた背景について解説しましょう。

　1つめの原因は、OECDによる2018年のPISA調査はコンピュータを用いて行われたのですが、受検した日本の高校生の順位が大幅に低下したことから、コンピュータ操作スキルの未習熟が読解力低下に影響したという考察が文部科学省から出てきたことです。

　PISA調査参加国中の順位が下がった理由は、アメリカやイギリスの順位が相対的に上昇したことによるものであり、また、日本の高校生の読解力は、OECDによって「平行型」と呼ばれ標準化された得点そのものは大きく低下してはいないのです。

　そのため厳密には読解力は伸び悩んでいるという表現が正確なのですが、文部科学省ではコンピュータ操作スキルが読解力低下の原因であるとしています。

▶ 日本の子どもはICTを娯楽に使っている！？

　2つめの原因は、同年のPISA調査で行われた学校のコンピュータの整備状況の調査結果から、日本はOECD加盟国の中でなんと最下位であることが明らかになったことです。

同じ調査で、GIGAスクール構想に拍車をかけたもう一つのデータ
があります。それは、日本の子どもたちのICT活用が、とくに学校外
では学習面よりも娯楽面に大きく偏っていたことです。

　**つまり、ICTを学習面で活用する習慣を、子どもたち一人ひとりに
つける必要性があるのです。**

▶ 文部科学省の考える1人1台端末整備の理由

　では、GIGAスクール構想により1人1台の端末が導入されること
になった文部科学省の理由付けを見てみましょう。

　児童生徒1人1台端末と、高速大容量の通信ネットワークを一体的に整
備することにより、新しい時代の教育に必要な、子供たち一人ひとりの個
別最適化と、創造性を育む教育を実現できます。例えば、一人ひとりの考
えをお互いにリアルタイムで共有し、双方向で意見交換する協働的な学び、
遠隔教育の充実（例えば、専門家の活用など学習の幅を広げる、過疎地や
離島の子供たちが多様な考えに触れる機会の充実、入院中の子供と教室を
つないだ学びなど学習機会の確保）などがいつでも可能となります。
　また、今後、デジタル教科書の本格的導入や学力調査のCBT化には、「1
人1台端末環境」は必要不可欠なものとなります。
出典：別添1「GIGAスクール構想」基本的な考え方～総論編①～
※　CBT（Computer Based Testing：コンピュータを利用したテスト）

　これを要約してみると、文部科学省では次の4点を1人1台端末整
備の理由付けとしていることがわかります。

① 　子供たち一人ひとりの個別最適化
② 　創造性を育む教育の実現
③ 　デジタル教科書の活用
④ 　学力調査のCBT化

3 GIGAスクール構想のキーワード①
「クラウド」とは？

▶ クラウドは、ネットワークの中心にあるコンピュータ

　GIGAスクール構想の定義（1章1参照）には理解しにくい専門用語が入っていますので、ここでいくつか解説しておくことにしましょう。

　1つめは、「クラウド」です。

　そもそもクラウド（cloud）とは言葉どおり「雲」という意味ですが、コンピュータの世界では、本物の雲を示しているのではありません。

　図1-1のように、**自分が使用しているコンピュータやスマホからネットワーク経由でデータファイルを送るとそれを保存してくれたりほかのコンピュータとデータを共有させてくれたりする、インターネット上にあるもう一つのコンピュータのことなのです。**

　読者のみなさんも、GoogleやApple、Microsoft、またはメールアカウントを開いているインターネット接続サービス会社などに、無償または有償でファイルの自分専用の保存領域を確保して、自分のコンピュータやスマホから、いろいろなファイルをインターネット経由でアップして保存したり友だちと共有したりしていることでしょう。

　最近では、大変安価にそうした自分専用の保存領域を持てますから、より安全にデータを管理したり、友だちと共有したり共同編集したりといったことが簡単にできるようになりました。

　それは、すべてクラウド・コンピューティングのおかげなのです。

▶ クラウドはどこにあるのか？

　自分からはそのもう一つのコンピュータの姿は見えませんし、あたかも雲の上のどこかにあって隠れているような感覚がすることからクラウドというたとえが使われているのです。

　クラウドは、多くのコンピュータが接続しているネットワークの中心にあるメイン・コンピュータのことで、多くの場合専門の会社や機関が所有し安全に管理しています。

　システムによってはそれが１台の時もありますが、複数のサーバーが連結されていることもあります。

　では、クラウドはどこにあるのでしょうか？

　クラウドと呼ぶのは、学校の外にあってより大きなネットワークの中心にあるコンピュータ、たとえば、市町村のすべての学校のコンピュータが接続されている教育委員会や自治体が管理しているネットワーク・コンピュータを指すか、または、それよりさらに上層のネットワークにある、GoogleやApple、Microsoftなどの巨大企業が管理運営しているサーバー・コンピュータを指すことが多いでしょう。

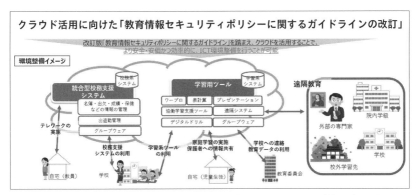

図１−１　クラウド・コンピューティングのイメージ（「GIGAスクール構想の実現パッケージ」文部科学省、令和元年12月19日、p.6）

▶ クラウド・コンピューティングを活用する7つのメリット

　ではなぜ、子どもたちがコンピュータで作ったファイルを校内サーバーだけでなくクラウドにアップして保存したり、クラウド上のソフトウエアを活用したりする必要があるのでしょうか？　それは、次のような7つのメリットがあるからです。

①　児童生徒1人1台の端末が提供されると、市町村単位で大量のアカウントの発行や大きなデータ保存領域の確保が必要になることから、**大人数が参加する1人1台端末の環境整備がしやすくなる。**

②　クラウド環境では、安定した安全なネットワーク環境が維持されているので、**各学校の全児童生徒のファイルや学校の校務管理ファイルを安全に長期間安定して保管・利用することができる。**

③　教育委員会や学校のガイドラインに沿って、1人1台端末を家庭学習のために持ち帰るときに、**自宅や施設からでもクラウド上のサーバーにアクセスして、予習や復習、ドリル練習、調べ学習や発表資料の作成などの多様なオンライン学習が可能になる。**

④　**市町村単位での全学校のすべてのタブレットやコンピュータの動作を一元管理しやすくなる。** たとえば、情報モラルに反したネット上の行動を監視したり、外からのウィルスなどの攻撃から守ったりすることができるようになる。

⑤　すべてのタブレットやコンピュータに新しいソフトウエアやアプリをその都度インストールしなくても、民間委託によりクラウド上にある**いつも最新の状態にアップデートされたソフトウエアを活用することができる。**

⑥　教育委員会や学識経験者が学校や児童生徒の許可を得た上で、クラウドに保存された多くの多様なデータを分析して指導や学習の改善に生かしたり、**児童生徒一人ひとりの個別の学習履歴をもとにした最適な指導を行ったり**することができるようになる。

⑦　一つの学校が単体で動くのではなく、民間企業と行政、学校が一体となって、ICTを活用した新しい教育のあり方を、授業づくり、ハードウエアとソフトウエアの導入、研修体制の充実といった**総合的な側面からつくり出すことができる**。

　こうした多くのメリットがあるため、GIGAスクール構想では、「クラウド活用」という用語が入れられ、各学校が単体で1人1台端末を活用するのではなく、多くの場合、市町村の教育委員会単位で一元管理することになり、そのための予算措置が行われたのです。

▶「クラウド活用」にデメリットはないの？

　では、「クラウド活用」には、デメリットはないのでしょうか。もちろんデメリットを最小にする努力が大切ですが、まったくなくすことはできませんから、次の3点に注意しておくことをおすすめします。

①　児童生徒がハッカーになって市町村全体に対してリスクを与えてしまうことのないように、ネットワークのパトロールをしっかりとしておく。

②　クラウド・サーバーがサイバー攻撃にあわないように、専門家による安全管理体制をしっかりとしておく。

③　学校や児童生徒のファイルの安全管理に最大限留意する。

GIGAスクール構想のキーワード②
「PDCAサイクル」とは？

▶ 文部科学省のいうPDCAサイクルとは？

　GIGAスクール構想の定義（1章1参照）に、急に**PDCAサイクル**の話が入ってきたのは不似合いな気もします。

　文部科学省がPDCAサイクルというときは、これまでは、

①　新しい学習指導要領が求めるように、各学校がカリキュラム・マネジメントを通して、「主体的・対話的で深い学び」の視点を生かして不断に学校の教育課程を改善していくこと

②　全国学力・学習状況調査の結果が各学校に提供されたときに、そのデータを活用して、各学校で児童生徒の学力向上をねらいとした国語科、算数・数学科、理科、外国語科などの授業改善を計画的・組織的に継続していくこと

という2つのことを指していたのです。

▶ ハードウエアの活用による、不断の授業改善を！

　もちろん、GIGAスクール構想は、ハードウエアの導入を核とした巨大な国家予算を伴う一大事業ですが、文部科学省としては、新しい学習指導要領の趣旨を生かしたICT活用による不断の授業改善という

側面を大切にしたいのです。

　つまり、GIGAスクール構想はそもそも何のために作られたのかを考えてみると、確かに産業界の本音ではコンピュータの普及に伴う販売実績の鈍化を打開する方策として国に対して児童生徒1人1台端末の提供を求めたこともあります。

　しかし、**文部科学省としては、一人ひとりの子どもたちの学習改善と教師の授業改善の活性剤として1人1台端末を活用してほしい**という教育側の論理を大切にしているのです。

　ですから、1人1台端末を、娯楽用のゲーム機器や無料のオンラインビデオを見て楽しむインターネットテレビとして使ってもらうのではなく、あくまでも子どもたちの一人ひとりの特性に合わせた学力向上や多様な資質・能力の育成に活用してほしいというわけなのです。

▶ PDCAサイクルは計画的・組織的な改善のための工程

　PDCAサイクルは、今では教育界で普通に使われている用語ですが、今から60年以上前に品質管理研究の第一人者であったアメリカの統計学者ウィリアム・エドワーズ・デミング博士が日本で行った講演で提案したことをもとにして作成されたマネジメント・サイクルです。

　4つのフェーズを持つサイクルの中の各ステップを見てみると、次のような特徴があります。

P（Plan）　　計画　現状分析や目標設定をして取組の計画を立てる
D（Do）　　　実施　立案した計画を組織として実施していく
C（Check）評価　目標に照らして計画を実施した成果を評価する
A（Action）改善　評価結果に基づいて計画や実施方法を改善する

　GIGAスクール構想によって導入された1人1台端末とネットワーク環境を効果的に活用していくためには、学校の先生方の創意工夫とPDCAサイクルに沿った不断の授業改善が不可欠なのです。

▶ R-PDCAサイクルで課題解決的な学習を推進する

　では、1人1台端末を活用する授業づくりについて、新学習指導要領が提唱するように、「単元や題材のまとまり」ごとの授業改善のあり方を見てみましょう。ここでは、1時間単位ではなく、数時間からなる課題解決的な単元モデルを提案します。

　右の図1-2は、(株)ベネッセコーポレーションと筆者が開発した、行動変容支援モデルであるR-PDCAモデルに基づいて作られた授業改善と学習改善のプロセスモデルです。1つの単元の活動系列を、

R（Research：調査）
↓
P（Plan：計画）
↓
D（Do：実施）
↓
C（Check：振り返り）
↓
A（Action：改善）

という5つのステップで構成し、この改善サイクルをできれば年間に数回回すことで、実態把握のデータに基づいた的確な行動計画が、実践の途中成果の中間評価の結果に基づいてさらに改善され実行に移されていくことを担保するための実践指針モデルなのです。

▶ 教師の授業改善と子どもの学習改善をめざす！

　このR-PDCAサイクルモデルが、どのようにして1人1台端末を活用した授業改善や学習改善と結びつくかというと、それは、**これからの授業づくりでは、実態の状況把握に基づく授業改善と学習改善を関連付けて生み出しながら、より効果の高い実践を生み出し続けていくことが求められている**からなのです。

　そこでは、1人1台端末の学習履歴を可視化する機能が教師にも子どもたちにも活用されることにより、子どもたちの資質・能力の獲得

や学力向上に効果的だからです。

1人1台端末と教師用端末としてのタブレットや薄型ノートブック、そしてそれらに接続されたクラウド型ソフトウエアを活用すれば、こうした教師の授業改善と子どもたちの学習改善が生まれてきます。

図1-2 (株)ベネッセコーポレーションが提供するクラウド型統合ソフトウエアであるミライシード「R-PDCA」アプリを使った授業改善サイクル

5 GIGAスクール構想のキーワード③ 「多様な子供たち」とは？

▶ 多様性とは、子どもたちのダイバーシティ

　もう一つ、GIGAスクール構想の定義の中に、よく知っている言葉でも、ここにあるとその真意がつかみにくいものが入っています。

　それは、「多様な子供たち」という表現です。

　ここでいう多様性とは、どのような意味なのでしょうか。

　今日の子どもたちの状況を表すためには、多様性（ダイバーシティ）という用語が最もふさわしい時代になっています。

　子どもたちの多様性とは、LGBTQを初めとして、発達障がいの状況、通常の学校や学級で学べない子どもたちの状況、興味・関心から生まれる個性、学力の実態の個人差、得意不得意の違い、家庭環境の差異、学習スタイルの個人差、希望進路の違いなどです。

　本来学校教育は、こうした子どもたちの多様性に応じて多様な教育メニューを提供し、個に応じた教育を行うことが、公平・公正な公教育の実現のためには必要不可欠なことなのです。

▶ ICTを活用して「個に応じた指導」を徹底していく

　「多様な子供たちを誰一人取り残すことがないようにする」とGIGAスクール構想で宣言したということは、こうした子どもたちの個性や個人差によりいっそう対応して、一人ひとりの学びがその子の特性に

合わせてよりよいものとなるよう、個に応じた指導をきめ細かく実施していくことを意味しています。

　確かにこれまでは、予算の制約やICTの整備不足で、理念上は大切にされてきた「個に応じた指導」は、なかなか十分に実施できなかったのです。

　そこで、GIGAスクール構想を全面実施して、１人１台端末という充実した教材環境を整備することで、ICTを有効活用した個に応じた指導を徹底していくことを宣言したのです。

▶ 1人1台端末で大切にしたい子どもたちの多様性

　では具体的に、１人１台端末が整備されるようになると、子どもたちのどのような多様性を生かしていくことが可能になるでしょうか。

　とくに、次のような５つのポイントが大切になってくるでしょう。

① 　興味・関心に応じて**学習内容を自己決定できる**ようにする

② 　反復ドリル教材の**進度や学習量を自己決定できる**ようにする

③ 　オンライン教材の**難易度を自己決定して学べる**ようにする

④ 　教室では発言しにくくても**オンラインで共有できる**ようにする

⑤ 　学力状況や学習内容の習熟度に応じて**教材を選べる**ようにする

　こうした子どもたちの多様性を少しでも生かして、１人１台端末を授業に取り入れたり家庭学習で活用してもらったりすることで、どの子どもも学習に集中できて、意欲的に学び続け、自分の得意を伸ばして不得意を補充することができるようになってほしいのです。

　それが、ICT活用による不断の授業改善の目標となるのです。

GIGAスクール構想のキーワード④
「個別最適化」とは？

▶ 個別最適化＝ICTを活用した「個に応じた指導」

最後に、わかりにくい用語として、**「個別最適化」**を取り上げます。

この用語は、多様な子どもたち一人ひとりの個性や個人差に応じてきめ細かい指導や対応をすることを意味しています。

これまでの用語を使えば、ICTを活用した「個に応じた指導」を行うということなのです。また、1990年代から教育界でよく使われるようになった「教育の個別化・個性化」と同じような意味になります。

前頁の解説と合わせてまとめて表現するならば、**GIGAスクール構想における個別最適化とは、1人1台端末を活用して子どもたちの多様な個性や個人差にきめ細かく対応し、個に応じた指導や子どもたちの個性を伸長する教育を行うこと**なのです。

1人1台端末を子どもたちが自分の学習課題や学習目標を解決・達成するために個別利用するよう教師が支援し、クラウドに保存された子どもたちの学習履歴データを授業改善に生かすことで、ICTを活用した教育の個別最適化を実現することが可能になったのです。

▶ なぜ、「最適化」という用語を使う？

ではなぜ、学校の先生方や教育関係者にもわかりやすく、「ICTを活用した個に応じた指導」や「1人1台端末を活用した教育の個別化・

個性化」とはいわなかったのでしょうか？

　それは、AI（人工知能：Artificial Intelligence）という最近発展がめざましいテクノロジーを利用することによって、これまで教師が行ってきた算数・数学科などでの児童生徒一人ひとりに応じた個別指導を超えるほど、精密で的確なドリル問題の提供が個人差に応じて可能になるという見通しがあるからでしょう。

　ただし教育界では、これまで「最適な指導」という考え方は不可能であり、教師にとってできることはきめ細かな個別指導であるという考え方から、最適という用語を避けてきたのも事実です。

　しかし、用語使用の争いをすることは生産的ではありませんから、「個別最適化」というフレーズを可能にする人工知能の登場を待つことにしましょう。

▶ AIによる最適化はもうすぐ可能になる！

　これからはAIの時代ですから、人工知能の力を借りたクラウド活用により、子どもたちの膨大な学習履歴に関するビッグ・データをもとにして最適な指導方法を判断するソフトウエアを開発することができるでしょう。そうなれば、**一人ひとりの児童生徒の学力や習熟度、興味・関心の違いに応じた適切な内容と難易度、学習量を担保したオンライン教材を提供することが可能**になります。また、解けなかった問題について個別最適なアドバイスや解説を行うことも可能になるでしょう。

　その意味で、GIGAスクール構想では、これから「AIドリル」なるものを開発しようとしています。完全なAIドリルが完成するまではあと数年かかるでしょうから、それまでは、たとえばクラウド型ドリル教材を用いるなど、子どもたち一人ひとりの解答状況に応じて数種類の難易度の異なる問題を出題してくれるソフトウエアを活用していくことが大切です。

　また、教師が子どもたちの学習履歴をオンラインで見ることで、個別のアドバイスをすることもできるでしょう。

何のために1人1台端末を活用するのか?

　今後、1人1台端末の継続的な無償貸与を可能にするためには、新型コロナウイルス感染症対策の一環として行われるリアルタイム・オンライン授業や家庭でのオンデマンド授業の効果をしっかりと検証することにより、1人1台端末の必要性を確認して国や地方自治体に継続的な予算化を働きかけていくことが大切です。1人1台端末の無償貸与が大幅に前倒しして2020年度から実施されたのはこの点での共通認識が広がったからなのです。では、1人1台端末をどのような教育目的のために活用すればよいのかについて考えてみることにしましょう。

　① 新しい機器がもたらす学習意欲の向上
　② コンピュータを用いたテスト（CBT）での解答スキルの向上
　③ 子どもの個人差や学習履歴に応じたオンライン教材を用いた学力向上
　④ 子どもの思いや願いに応じたオンライン調べ学習の活性化
　⑤ 調べ方や考え方、表現の仕方を書いたオンライン手引きの活用
　⑥ 子どもたちをネットワーク状につないだ協働的な学習の推進
　⑦ 考えや作品の共有化を通した認め合いによる学級づくりの推進
　⑧ 考えの変化や解き方の成長を可視化した学習改善の推進
　⑨ リアルタイム・オンライン授業への参加と学習権の保障
　⑩ オンライン上の危機に対応するネットワーク・リテラシーの育成

　こうした多様な教育目的の実現のために1人1台端末を使うことが大切ですが、実際にはこれだけの項目を若手教員が増えてきた今日の学校で、4教科、5教科の基礎的・基本的な学習指導に加えて実施することはほぼ不可能に近いかもしれません。

　ですから、あまり無理をせず、長期的な研修を見通して、子どもの反応や感想、健康状態を確かめながら少しずつ自分自身の指導レパートリーに入れていただけるよう、本書でもわかりやすい多様な実践事例を紹介することにします。

第 2 章

実際に使ってみよう！端末の基本機能や使い方

1

タブレット端末の基本機能

「教師用タブレット」を使ってみよう！

▶ 基本操作はスマホと同じ感覚でできる！

　小・中学生の子どもたちに１人１台端末が配布されるのに合わせて、学校の先生方にも１人１台端末が配布されます。

　子どもたちと同じ機器を共有して、子どもたちの学力を高めたり課題解決的な資質・能力を育てたりするために、楽しくわかりやすい授業に取り組みましょう。

　教師用に配られるタブレットや薄型ノートブックといっても、基本操作はスマホと変わりありません。

　指やペン１本で、タップ、ドラッグ＆ドロップ、文字入力、作図や描画、コマンド選択など、ほとんどの操作ができます。

▶ いつでもみんなが無線でつながっている！

　１人１台端末の機能もスマホとほぼ同じです。

　基本的に、カメラ機能、通信機能、表示機能、保存機能、入力・出力機能、処理・加工機能などがそろっています。１人１台端末がコンピュータであることから、これは当然のことです。

　ただし、キーボードについては、タブレットの場合にはソフトキーボードといって画面の上に仮想的に表示されるキーボードを使いますが、もともとキーボードが付いている折りたたみ式の薄型ノートブッ

クが配布されることもあります。

　たとえば小学校の生活科の時間に、子どもたちと一緒に校庭の草花を観察して写真に撮ってきましょう。

　それまでに保存しておいた写真と組み合わせて、季節の変化に合わせた草花の変化の様子をスライドショーの作品にして、教室の大型モニターにつなげば発表会を開くことが簡単にできます。

　これまでのように、デジカメで撮影してきたファイルをコンピュータ教室に行ってハードディスクに保存し直して、コンピュータで作った子どもたちの作品を教師のほうで整理して名前を付けて保存する、といっためんどうな作業をしなくてすむのです。

　一言でいえば、**学習のシームレス化**と呼ぶことができるでしょう。

　これまでは別のメディアであったものが統合され、別々の教室に分かれていた作業を教室に統合し、クラウドと呼ばれる共通のファイル保存・編集スペースにいつでもみんなが無線でつながっているのです。

▶ クラウドとローカルの識別をする！

　ただし一つだけ注意すべきことがあります。

　それは1人1台端末は教師用も子ども用もいつもクラウド・サーバーに無線LANでつながっていますから、**ファイルを保存するときにクラウドのどのフォルダに入れたのか、あるいは場合によっては自分の端末のどのローカル・スペースに入れたのかをよく考えて自分の操作を確認しながら理解しつつ操作することです。**

　このクラウドとローカルの識別という問題は、スマホで撮った写真を保存するときと同じです。

　あとでどこに自分のファイルを保存したかがわからなくならないように注意しましょう。

2

ノートや鉛筆のように
かんたんに使える！

▶ 慣れればノートや鉛筆のように使える！

　1人1台端末として配布されるタブレットや薄型ノートブックは、スマホより画面が大きいので、**これまで使っているノートや鉛筆を使う感覚で、自由に文字を入力したり、絵や図を書いたり、文字や線の色を変えたりすることができます。**

　自分の書いた文章や図を保存するだけでなく、クラスの友だちとも、また総合的な学習の時間でクラスを超えた友だちとも交流して文章や図を見てアドバイスし合える共有・交流機能を使うことで、自分の考えを広げたり深めたりすることができるのです。

　デジタルなので修正や追記も簡単にできますから、紙のノートや木の鉛筆よりも、表現力が豊かになり試行錯誤しながら考えを練り上げたり深めたりすることに適しています（図2-1参照）。

　逆に、間違った考え方や答えをそのまま残しておくことも簡単にできますから、国語科の創作表現や算数・数学科の問題解決において自己修正を図りながら粘り強く自分の考えを練り上げていく深い学びを可能にする学習ツールにもなるのです。

▶ 学習履歴が残ることの大切さ

　これはまさに、新学習指導要領に対応した学習評価において、「主

体的に学習に取り組む態度」を見取るときに大切な視点となります。子どもたちはややもすると、「間違いを消したい」「間違っていたことを友だちや先生に知られたくない」「間違うことは恥ずかしいことだ」という考えを持ちやすいため、1人1台端末を上手に使いこなすことによって、間違いを自己修正しながら粘り強く学習改善していく態度を育てるようにしましょう。

　タブレット端末で学習履歴を残していくことで、子どもの自己修正力と、「主体的に学習に取り組む態度」を育てることが大切です。

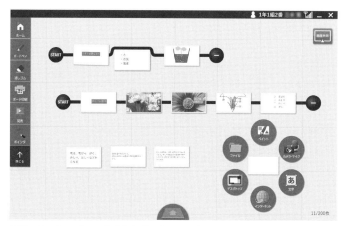

図2-1　ミライシード「オクリンク」　手書き・テキスト入力機能、カメラ・マイク機能などで発表資料の作成が簡単に可能

● 手書き文字入力も選択できる！

　子どもたちがタブレットや薄型ノートブックを使っている様子を見ていると、文字入力をするときに、「キーボードを使う」ことと、「手書きで入力して活字に変換する」ことと、「手書きで入力してそのまま残す」ことを自分の判断で使い分けています。

　タブレットや薄型ノートブックが持つ可塑性を十分に生かして、多様な特性を持つ子どもたちに合理的に配慮した学習が容易になったことも1人1台端末を活用するメリットなのです。

3

タブレット端末の基本機能
教師用タブレットでできること②
学習履歴を生かして個に応じた指導ができる！

▶ 一人ひとりの子どもの進捗状況をとらえやすい

　教師用タブレットはWi-Fiを用いた無線LANを通してインターネット経由でクラウド型サーバーにつながっていますから、**子どもたち一人ひとりの学習状況を把握しやすい環境が整備されています。**

　たとえば、子どもたち一人ひとりのフォルダをのぞけば子どもたちがアップしている作品（作文、絵、ワークシート、レポート、集計表など）のファイルが日付順に整理されて保存されています（図2-2）。

　また、子どもたちが各種ドリル教材に答えた結果を表すグラフが表示されたり、解答傾向や得点とその推移も可視化されたりしています（図2-3参照）。さらに、子どもたちが家庭から学校のクラウド環境にアクセスした履歴と宿題の達成状況の記録も残ります。

　つまり、これまで教師が行っていた、ノートや宿題、ミニテストなどをその都度集めてチェックして返却する労力を軽減することができます。

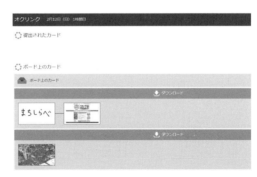

図2-2　ミライシード「カルテ」　子どもの学習履歴を確認、子どもの授業の成果物を一元管理

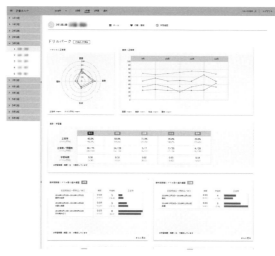

図2-3 ミライシード「カルテ」 子どもの学習履歴を確認、
デジタルドリルの正答率や学習履歴を教科別に一覧化

▶ 教師用タブレットで、個に応じた指導ができる！

　このように教師用タブレットで、一人ひとりの学習履歴や学習状況が
見やすくなるため、個に応じた指導（個別最適化）もしやすくなります。

　たとえば、子どもに表れやすい個人差として、習熟度差、学力差（テ
ストや調査で得点として表されるもの）、興味・関心の差、考えや意
見の個性、習熟の度合いと時系列的変化の差、合理的配慮の必要度と
対応法の差などがありますから、そうした指標を用いて個に応じた指
導をすることができるのです。

　ただし、学級全員分のデータを閲覧するのには時間がかかり、どのよ
うな個別指導が適切かを判断し、計画して実践してから振り返って継
続的に改善していくにも時間がかかります（R-PDCAサイクルの実施）。

　つまり、学習履歴が見やすいことは必ずしも作業量として時間短縮
にはつながりませんから注意が必要です。

　できれば、毎回全員分のデータを見るのではなく、**月別に焦点をあ
てる子どもを数人選んで、意図的・計画的に焦点付けられた個別最適
化指導を行うようにすること**が現実的でしょう。

4 教室の大型モニターに つながり、共有できる！

▶ 教室に導入され始めた大型モニター

　液晶プロジェクタを使えば大きな画面でビデオ動画や写真、グラフ、アニメーション教材などを見せることができますから、迫力があり対象の様子を詳しく見ることができて、子どもたちの学習意欲や学習内容の理解力も上がります。

　今後は、各教室に１台ずつのタッチ式大型モニターを導入するように、５年くらいかけて各自治体が努力してくれるのではないかと筆者は期待を込めて予想しています。まだGIGAスクール構想の政府予算には入っていませんが、80インチを超えるタッチ式大型モニターが入れば、操作も簡単になりますし明るい教室でもくっきりと画面が見えるので健康上の問題も最小限に抑えられます。

▶ 教師がデジタルコンテンツを提示する！

　そこで、タブレットや薄型ノートブックを初めて授業で使う先生方には、教室にある大型モニターや液晶プロジェクタに教師用の端末をまず有線でつないで、ビデオや写真、グラフなどのデジタル教材を子どもたちに見せることから始めてみることをおすすめします。

　タブレットや薄型ノートブックは、あたかもデジタルどこでもポケットのようになり、指や電子ペン１本であらゆる操作が可能ですか

ら、子どもたちの学習への意欲や集中力を高めることにつながります。

　今までのように、室内を暗くするためにカーテンを引いたり、電灯を消したり、ビデオデッキとテレビの電源を入れたり、重たいノートパソコンを持参したり、子どもたちをコンピュータ教室に並ばせて連れて行ったりという面倒なことがほとんどなくなってしまうのです。

　また、すべてのデジタル教材を教師自作にする必要はありません。すでにあるデジタル教科書の画面やビデオ動画、アニメーション教材を使ってわかりやすく焦点を明確にした授業をするだけでもいいのです。各新聞社の記事データベースやNHKオンデマンドなどからも安価で良質な教材が活用できます。

　必要なのは、子どもたちの学習意欲や集中力、そして学力を高めるために効果的な教材を、教科書と資料集以外に何か探してきて使ってみようという教師の配慮だけなのです。著作権保護と人権擁護にさえ気をつけておけば、効果的な教材がいろいろと見つかります。

▶ 子どもたちが自分の考えや作品を発表する！

　そして次のステップとして何より大切なことは、**子どもたちにタッチ式大型モニターを使わせて、教室の前面に出てきてプレゼンテーションをする機会を設定する**ことです。

　子どもたちはタブレットやタッチ式大型モニターの操作は苦にしません。ですからあとは、恥ずかしがらずに積極的に発表し間違ってもいいという教室文化を育てておくことと、プレゼンテーションの構成や表現技法のスキルを育てるとともに、課題解決の結果、つまり考察したことや検証したことをわかりやすく論理的に説明するコツを、体験を通して身につけさせることです。

　子どもたちのすべてのタブレットが無線でつながっていて大型モニターが全員に見えやすいからといって、いつも自分の席に座ったままで発表する必要はありません。教室にいる以上は友だちと視線を合わせて元気に明るくハキハキと前に出て発表する力を育てましょう。

5 タブレット導入前に行うこと①
育てたい資質・能力を明確にする

▶ 目的と手段をはき違えないこと

　１人１台端末が入ってくると、その機能の高さと多様さに影響されて、子どもたちが楽しく使っているだけで、何のためにタブレットを授業で活用しているのかを忘れやすくなってきます。

　新学習指導要領では、子どもたちに多様な資質・能力を育てることを求めています。

　ですから、タブレットがゲーム型のドリル教材を楽しんだりおもしろいビデオやアニメーションを見たりするためだけに使われていては、授業として不十分なのです。

　つまり、**１人１台端末の活用はあくまでも新学習指導要領の目標を達成するための手段**であり、子どもたちが楽しそうに使っているからという理由だけで授業の目的としてはいけないのです。

　では、これからの新学習指導要領の下での授業においては、タブレットや薄型ノートブックを活用するときには、どのような資質・能力の育成をねらいとすればよいでしょうか。

　ここでは、「知識・技能」から「思考力・判断力・表現力」、そして「学びに向かう力、人間性」の育成をバランスよく考えてみます。

▶ タブレットの教育機能に対応して資質・能力を考える

表2-1を見てください。この表では、これまでに解説してきたタブレットや薄型ノートブックが備えている教育機能の項目に合わせて、どのような育成を図る資質・能力を想定すればよいかを示しています。

授業にあたっては、学習のめあてや課題を示すときに、こうした身につけたい資質・能力を板書したり短冊に書いて黒板に貼っておいたりして**子どもたちに意識付けをすることが大切**です。

具体的には、p.40からの教育機能の実例を参照してください。

教育機能	育成を図る資質・能力
可視化機能	・視点を変えて考える力 ・対象の特徴とその変化の様子をよくとらえて考察する力 ・自己の学習履歴をもとにして学習改善に取り組む態度
個別化機能	・基礎的な知識や技能の反復による定着 ・粘り強く取り組む態度 ・問題解決のプロセスを改善したり修正したりする態度
共有化機能	・多面的・多角的に考察し表現する力 ・多様な考えや資料を比較して検討する力 ・論理的に説明する力
深化機能	・理由や根拠を付けて考察する力 ・叙述を生かし、データや資料を引用して説明する力 ・次の学習での課題を見通す力
活性化機能	・友だちの意見を尊重する態度 ・相手に配慮して何でも言い合える態度 ・積極的に考えたり発言したりする態度

表2-1　タブレットの5つの教育機能別に整理した育成を図る資質・能力（例示）

タブレット端末の基本機能
タブレット導入前に行うこと②
各教科等の特質に応じた
見方・考え方を押さえる

▶ 各教科等の特質に応じた見方・考え方とは？

　子どもたちに「深い学び」に取り組ませるためには、ここで具体的に紹介する「見方・考え方」の項目を想定して、タブレットや薄型ノートブックを活用することが大切です。

　なぜなら、この「見方・考え方」は、新学習指導要領が各教科や各領域において定めた思考力・判断力・表現力を身につけるときに、子どもが働かせる認識や考察の仕方のモデルを示したものであり、タブレットなどの端末を使うときでも大切なものだからです。

　逆にいえば、こうした教科や領域の特質を生かした固有の学び方を子どもがしっかりと働かせるようにしなければ、表面的で知識を理解し覚えるだけの浅い学びになってしまうので注意が必要です。

　そして、1人1台端末を使うときには、さきほど解説した育てたい資質・能力（2章5参照）やここで紹介している「見方・考え方」をよく考えないままに「ドリルをやって終わり、考えを書き込んで終わり、ビデオ教材を見て終わり」の授業になってしまわないようにすることが大切です。ただし、表2－2に例示された各項目はかなり抽象性が高いものであり、明日からの授業で生かせるまでの具体性を備えてはいないので、かなり難しく感じられることでしょう。

　まだ十分な研究成果が蓄積されていない分野ですので、市教育研究会などでの研究を行い、その成果を共有していくことが求められます。

教科等	見方・考え方
国語 「言葉による 見方・考え方」	【小・中学校】 　言葉による見方・考え方を働かせるとは、児童（生徒）が学習の中で、対象と言葉、言葉と言葉との関係を、言葉の意味、働き、使い方等に着目して捉えたり問い直したりして、言葉への自覚を高めること （根拠：小〔中〕学校学習指導要領解説 国語編）
社会 「社会的な見方・考え方」	【小学校】 ・社会的事象の見方・考え方 　社会的事象を、位置や空間的な広がり、時期や時間の経過、事象や人々の相互関係に着目して捉え、比較・分類したり総合したり、地域の人々や国民の生活と関連付けたりすること　　（根拠：小学校学習指導要領解説 社会編） 【中学校】 ・社会的事象の地理的な見方・考え方（地理的分野） 　社会的事象を、位置や空間的な広がりに着目して捉え、地域の環境条件や地域間の結び付きなどの地域という枠組みの中で、人間の営みと関連付けること ・社会的事象の歴史的な見方・考え方（歴史的分野） 　社会的事象を、時期、推移などに着目して捉え、類似や差違などを明確にし、事象同士を因果関係などで関連付けること ・現代社会の見方・考え方（公民的分野） 　社会的事象を、政治、法、経済などに関わる多様な視点（概念や理論など）に着目して捉え、よりよい社会の構築に向けて、課題解決のための選択・判断に資する概念や理論などと関連付けること　（根拠：中学校学習指導要領解説 社会編）
算数 数学 「数学的な見方・考え方」	【小学校】 　事象を数量や図形及びそれらの関係などに着目して捉え、根拠を基に筋道を立てて考え、統合的・発展的に考えること （根拠：小学校学習指導要領解説 算数編） 【中学校】 　事象を数量や図形及びそれらの関係などに着目して捉え、論理的、統合的・発展的に考えること （根拠：中学校学習指導要領解説 数学編）
理科 「理科の見方・考え方」	【小・中学校】 ［見方］ 「エネルギー」を柱とする領域　主として量的・関係的な視点で捉えること 「粒子」を柱とする領域　主として質的・実体的な視点で捉えること 「生命」を柱とする領域　主として多様性と共通性の視点で捉えること 「地球」を柱とする領域　主として時間的・空間的な視点で捉えること ［考え方］ 　比較したり、関係付けたりするなどの科学的に探究する方法を用いて考えること （根拠：小〔中〕学校学習指導要領解説 理科編）
生活 「身近な生活に関わる見方・考え方」	身近な人々、社会及び自然を自分との関わりで捉え、よりよい生活に向けて思いや願いを実現しようとすること （根拠：小学校学習指導要領解説 生活編）
音楽 「音楽的な見方・考え方」	【小学校】 　音楽に対する感性を働かせ、音や音楽を、音楽を形づくっている要素とその働きの視点で捉え、自己のイメージや感情、生活や文化などと関連付けること　（根拠：小学校学習指導要領解説 音楽編） 【中学校】 　音楽に対する感性を働かせ、音や音楽を、音楽を形づくっている要素とその働きの視点で捉え、自己のイメージや感情、生活や社会、伝統や文化などと関連付けること　（根拠：中学校学習指導要領解説 音楽編）
図画工作 美術 「造形的な見方・考え方」	【小学校】 　感性や想像力を働かせ、対象や事象を、形や色などの造形的な視点で捉え、自分のイメージをもちながら意味や価値をつくりだすこと　　（根拠：小学校学習指導要領解説 図画工作編） 【中学校】 　感性や想像力を働かせ、対象や事象を、造形的な視点で捉え、自分としての意味や価値をつくりだすこと （根拠：中学校学習指導要領解説 美術編）
家庭 技術・家庭 （家庭分野） 「生活の営みに係る見方・考え方」	【小・中学校】 　家族や家庭、衣食住、消費や環境などに係る生活事象を、協力・協働、健康・快適・安全、生活文化の継承・創造、持続可能な社会の構築等の視点で捉え、よりよい生活を営むために工夫すること （根拠：小学校学習指導要領解説 家庭編、中学校学習指導要領解説 技術・家庭編）
技術・家庭 （技術分野） 「技術の見方・考え方」	生活や社会における事象を、技術との関わりの視点で捉え、社会からの要求、安全性、環境負荷や経済性等に着目して技術を最適化すること　　（根拠：中学校学習指導要領解説 技術・家庭編）
体育 保健体育 「体育の見方・考え方」	【小・中学校】 　運動やスポーツを、その価値や特性に着目して、楽しさや喜びとともに体力の向上に果たす役割の視点から捉え、自己の適性等に応じた『する・みる・支える・知る』の多様な関わり方と関連付けること （根拠：小学校学習指導要領解説 体育編、中学校学習指導要領解説 保健体育編）
体育 保健体育 「保健の見方・考え方」	【小・中学校】 　個人及び社会生活における課題や情報を、健康や安全に関する原則や概念に着目して捉え、疾病等のリスクの軽減や生活の質の向上、健康を支える環境づくりと関連付けること （根拠：小学校学習指導要領解説 体育編、中学校学習指導要領解説 保健体育編）
外国語活動 外国語 「外国語によるコミュニケーションにおける見方・考え方」	【小・中学校】 　外国語で表現し伝え合うため、外国語やその背景にある文化を、社会や世界、他者との関わりに着目して捉え、コミュニケーションを行う目的や場面、状況等に応じて、情報を整理しながら考えなどを形成し、再構築すること （根拠：小学校学習指導要領解説 外国語編、外国語活動編 中学校学習指導要領解説 外国語編）
特別の教科 道徳 「道徳科における見方・考え方」	様々な事象を、道徳的諸価値の理解を基に自己との関わりで（広い視野から）多面的・多角的に捉え、自己の（人間としての）生き方について考えること　　　　　　　　　　　　　　　　　　　　　　　　　※（　）内は中学校のみ （根拠：幼稚園、小学校、中学校、高等学校及び特別支援学校の学習指導要領等の改善及び必要な方策等について（答申） 小〔中〕学校学習指導要領解説 特別の教科 道徳編）
総合的な学習の時間 「探究的な見方・考え方」	【小・中学校】 　各教科等における見方・考え方を総合的に活用して、広範な事象を多様な角度から俯瞰して捉え、実社会・実生活の課題を探究し、自己の生き方を問い続けるという総合的な学習の時間の特質に応じた見方・考え方（根拠：小〔中〕学校学習指導要領解説 総合的な学習の時間編）
特別活動 「集団や社会の形成者としての見方・考え方」	【小・中学校】 　各教科等の見方・考え方を総合的に働かせながら、自己及び集団や社会の問題を捉え、よりよい人間関係の形成、よりよい集団生活の構築や社会への参画及び自己の実現に向けた実践に結びつけること （根拠：小〔中〕学校学習指導要領解説 特別活動編）

表2-2　各教科等の特質に応じた見方・考え方（中央教育審議会答申別紙1（2016）及び新学習指導要領解説各教科編より抜粋）

5つの機能を使いこなそう！

学習の「可視化」機能を使いこなす

▶ 可視化は、理解度や学習意欲を高める！

　p.37（表2‐1）で紹介したように、タブレットや薄型ノートブックの教育機能を5つの「化」を用いて説明しましょう。

　「化」を付けられるということは、その機能について大きな効果が期待されるということなのです。

　まず1つめは、「学習の可視化」です。

　教師にとっても子どもたちにとっても、自分の学習の内容や状況がはっきり見えるということは、学習内容の理解度や学習意欲を高めるために大変効果的です。

　たとえば、生活科や理科、社会科などで学習対象である動植物や天体、物質の変化、公共施設のしくみ、歴史的な絵図などが拡大されて見やすくなるだけでなく、教師にとってもカラーで何枚も資料を印刷する必要がなくなります。

　算数・数学科では、グラフの動きを可視化するシミュレーション教材が簡単に使えるようになり、外国語科では動作アニメーションを用いた対話練習などの模擬的なコミュニケーション活動が行えます。

　加えて、タッチ式大型モニターと組み合わせて用いれば、一斉指導と個別学習を組み合わせた多様な指導場面を展開できます。

▶ 学習履歴の可視化は、学習改善にも生かせる！

　もちろん教材を提示するだけでなく、生活科や理科で子どもたちが撮影した校内の草花の写真を使って発表したり、技術・家庭科でものづくりの様子をビデオ撮影して発表したり、体育科でいろいろな運動の様子を子どもたちが撮影し合って発表することも容易になります。

　また、すでに解説したように、子どもたちの学習履歴も時系列で可視化されますから、自分の学習の状況をそこから振り返って、その後の学習改善に生かすこともできるようになるのです。

　たとえば、児童生徒一人ひとりの得点や正答率等の数値で学習履歴を可視化するクラウド型ソフトウエアとして、図2-3（本書p.33）で紹介したグラフ表示機能があります。これを使えば、教師も子どもたちも得意分野や苦手分野がすぐに見えるので、次にどの問題を解けばよいのかを判断することができるようになります。

　また、図2-4にある「オクリンク」（(株)ベネッセコーポレーションの発表資料作成ツール）の並列化機能を使えば、クラスの友だちのタブレット画面を並べて見ることができるので、多様な考えを比較しながら考え方の共通点や相違点、大切なポイントが見やすくなります。

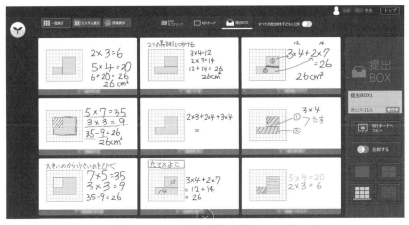

図2-4　ミライシード「オクリンク」　共有機能・LIVEモニタリング
子どもたちの考えを一覧表示し複数比較などが簡単に可能。また子どもが作業をしている様子はリアルタイムで教師が確認することができ進捗確認が簡単にできる

5つの機能を使いこなそう！

学習の「個別化」機能を使いこなす

▶ 学習の個別化＝学習の個性化？

次に「学習の個別化」の機能についてまとめてみましょう。

まずすでに解説したように、AIドリルなどを使って子どもたち一人ひとりの学習ニーズや習熟度、学力差、進度差、興味・関心などに応じてオンライン教材の内容や難易度を人工知能が適切に判断して提供することが可能になることです。

これは、タブレットや薄型ノートブックそのものが可能にするというよりも、それが接続しているクラウド型ソフトウエアに人工知能が組み込まれていることによって可能になるのです。

さらに、学習の場所や時間についても子どもたちの意思決定を大切にして、家庭学習での復習の時間の充実や学校のすき間時間を利用した学習時間の確保もできるようになります。

また、鉛筆とノートでできないことはありませんが、1人1台端末を使えば、算数・数学科で問題を解く過程の自力解決の場面で、試行錯誤をしながら例題にじっくりと個別に取り組むことができます。

また、そのほかの教科でも共有化を前提として、資料を読んで考えたことを1人1台端末で書き込んでアップして、子どもたち一人ひとりの考えを大切にした授業を展開することにつながっていきます。

そうして1人1台端末を用いたすべての学習過程で生み出した子どもたち一人ひとりの作品や考えは長期間保存されていますから、それ

らを学期末や学年末で集約・要約して、特別活動の時間でデジタル版キャリア・パスポートの作成へと発展させることもできます。

　子どもの個のファイルを使って自己成長の証である成長アルバムとしてのキャリア・パスポートができあがることは、子どもの自尊感情の育成と友だち一人ひとりを大切にする学級づくりにもつながっていきますから、個を大切にした教室文化の醸成に効果を発揮します。

　ここまでくると、「学習の個別化」は「学習の個性化」にまでなっているといえるでしょう。

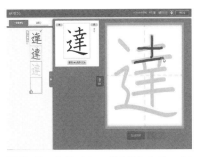

図2-5　ミライシード「ドリルパーク」デジタル学習ドリル
さまざまな教科の基礎から応用まで豊富な問題に取り組め、また漢字の書き取りは手書きでの学習が可能

図2-6　ミライシード「ドリルパーク」解答結果画面
解答は自動で正誤判定。間違えた問題だけを解く機能で自分のできていないところを中心に復習することが可能

図2-7　ミライシード「ドリルパーク」算数・数学　学び直しドリル
チェックテストの結果から一人ひとりに合わせたドリル教材を出題

図2-8　ミライシード「ドリルパーク」子どもの進捗確認画面（教師用）
子どもの学習の状況をリアルタイムに把握することが可能

5つの機能を使いこなそう！

学習の「共有化」機能を使いこなす

▶ 学習の共有化とは？

　「学習の共有化」は、１人１台端末を活用する上で最も効果的な機能です。Wi-Fiを用いて、すべての端末がネットワーク状につながり、お互いに情報をやりとりしたり共有したりすることができるのです。

　これまで、子どもたちに教室内を歩き回って友だちの考えや作品、問題の解き方に触れて自分の考えや作品を練り上げる指導をしてきた先生も多かったと思います。そうしたアナログな共有化手法は大切にして、１人１台端末がネットワーク状にデジタルでつながるようになると、さらに共有化機能がアップして、子どもたちの相互交流を通した考えの深め合いや練り上げが活発に行われるようになります。

　もちろん、タブレットを使っていつも「こっそり無言で」友だちにメールを送ったり「拍手ボタン」を押してメッセージを送ったりすることが最も大切な学習の姿であるといっているのではありません。

　大切なことは、45分や50分しかない授業時間で、**時には自分の座席から遠くにいてよい考えや意見を持っている友だちとすぐに意見交流ができることや肯定的なフィードバックを送り合えることが、**授業での対話的な学びやよさを認め合う学びの充実につながることです。

　やはり高学年から中学生にかけては、学習内容も過密で教師主導の説明型授業が多くなり、アナログな共有化手法を用いるだけでは、子どもの「対話的な学び」や「協働的な学び」は充実しないのです。

教室にせっかく30人前後の個性的な友だちがいるのですから、1人1台端末を活用して子どもたちをネットワーク状につなげて、より多くの学び合いと認め合いが生まれるようチャレンジしてほしいと思います。子どもの誤答や個性的な意見を生かし合う授業がいかに楽しく生き生きとしたものになり、子どもたちの学習意欲と集中力を高めることにつながるか、実践を通して実感してください。

▶ クラウド型ソフトウエアを使えば、「共有化」ができる！

　これから導入されるクラウド型ソフトウエア（LMS：Learning Management System（学習管理システム））を使えば、この共有化機能が簡単に使えるようになります。

　たとえば、教師側のタブレット画面の「画面共有」を押せば、見せたい画面をすぐに見せることができますし、子ども一人ひとりが書いた考えや意見を同時にクラス全員の画面に映し出すことができます。

　こうした共有化機能は、子どもたちの考えを、対話を通して広げることや相互評価して練り上げたりすることに役立ちます。

　また、これまで見逃したり多数の意見に埋もれたりしがちだった消極的な子の考えを生かして、クラスの対話内容を広げることができます。

　つまり、これまでなかなか実現が難しかった「全員参加の授業」や「一人ひとりを大切にした授業」を実施することが可能になるのです。

図2-9　ミライシード「ムーブノート」　クラス全員が意見を「広場」に提出することで全員の意見を瞬時に確認・相互評価が可能

▶ 共有化機能を有効に生かした中学校理科の授業

　さいたま市立土呂中学校の岡戸奈津紀教諭は、中学校１年理科の単元「光の世界」で、タブレットの共有化機能とビデオ撮影機能を使って生徒たちが実験結果に関わる多様な予想をもとにして、自分の考えを深めていく授業を行いました。

　この授業では、４人グループに１台ずつのタブレットを配置して、生徒が協力して予想をまとめたり、ほかのグループの多様な予想を比較して考えを深めたりする協働的な思考をうながすようにしました。

　本時の実験の課題は、縦長の細い鏡を黒板の中央において、その前に横一列に並んだ５名の生徒のうち、左端のＡさんを見ることができるのは誰かという問いの結果を予想することです。

　生徒たちは、まず一人ひとりワークシートに結果の予想を書き、それをもとにしてグループで意見を交流させて１つの予想にまとめ、タブレットを用いて結果と理由、そして可能であれば図を書いて、共有フォルダに送信しました。

▶ タブレットの多様な機能を組み合わせる！

　本校は、（株）ベネッセコーポレーションのミライシードというクラウド型ソフトウエアを導入しているため、生徒たちはオクリンクというプレゼンテーション系ソフトウエアを用いて、各グループで１枚のスライドを作成し、それらを教師用タブレットでつなげて全グループのスライドを一覧にして共有しました。

　正解は、入射角と反射角が等しくなる右端のＥさんなのですが、予想をＥさんとしたのは９つのグループのうち２つしかありませんでした。意外にもほとんどの生徒が正解を事前に知らなかったため、種明かし実験で正解がＥさんのみであることがわかったときに、生徒たちから大きな歓声が上がるほど感動のある授業となりました。

　そして、結果の検証として、岡戸教諭はタブレットのビデオ撮影機

能を活用して、Ｅさんの位置に立ち、本当にＡさんが見えることを大型スクリーンに映し出して生徒の納得感を高める工夫をしました。

　また、授業のまとめとして、岡戸教諭から入射角と反射角が等しくなるのは、ＡさんとＥさんの位置関係であるという解説をして終わりました。

　タブレットの多様な機能を組み合わせて協働的な思考をうながすことで、高い納得感と感動が生まれる授業になりました。

写真2-1　結果の予想をたてるために鏡を使った実験の特徴を説明する

写真2-2　グループで予想を1つにまとめて送信している

写真2-3　結果だけでなく理由をつけてスライドに予想を書かせている

写真2-4　理科室の大型スクリーンに各グループのスライドを共有する

写真2-5　ビデオカメラ機能でＥさんからの鏡の見え方を写している

写真2-6　自分とグループ、ほかのグループの予想と正解とまとめを書く

10

5つの機能を使いこなそう！
学習の「深化」機能を使いこなす

▶ 学習の深化とは？

　「学習の深化」とは、新学習指導要領で謳われた「主体的・対話的で深い学び」という授業改善の新しい視点に対応しています。

　指導要領の中の「深い学び」という新しい学びのあり方をうながす機能が、1人1台端末でつながるクラウド型ソフトウエアには備わっています。

　クラウド型ソフトウエアを使わなくても、通常の授業の中でも、「深い学び」を生み出すことはできますが、1人1台端末とクラウド型ソフトウエアがあれば、「深い学び」はいっそう確実なものとなるのです。

　ここで、「深い学び」の特徴を整理して考えておきましょう。

　新学習指導要領（解説「総則編」）では、「深い学び」を、

　①　各教科等の特質に応じた見方・考え方を働かせること、
　②　知識を相互に関連付けてより深く理解したり、情報を精査して考えを形成したり、問題を見いだして解決策を考えたり、思いや考えを基に創造したりすること、

と特徴付けられています。

　こうした「深い学び」の姿は、1人1台端末のさまざまな機能を組み合わせて用いることによって促進されます。

たとえば、インターネットにつながれた情報検索機能を用いたり、クラウド・フォルダに蓄積された資料ファイルを探索したりすることで、情報や資料を関連付けて比較思考をすることができるようになります。

　また、活用可能な多様な資料やデータを比較検討して多面的・多角的に考察することを通して自分の考察を深めることができます。

▶「深い学びの技法20」を活用する

　さらに、「深い学び」の原理、子どもたちの学び方、あるいは学びの技法としてとらえ直し、新学習指導要領における思考力・判断力・表現力を育てる活動例やPISA型読解力の定義、そして大村はまの学習論、これまでの教育方法学の研究成果などを整理して作成した「深い学びの技法20」によって考えてみましょう（田中博之著『アクティブ・ラーニング「深い学び」実践の手引き』教育開発研究所、2017年参照）。

　筆者が提案する「深い学びの技法20」は、子どもたちが学習場面で、次のような学び方を駆使して思考・判断・表現をしていることです。

　この中でもとくに大切なのは、太字の7項目になります。とくにこの7つの技法を使いこなすことが、「深い学び」であるとしてよいのです。

① 　学んだ知識を活用して課題や目標を設定する
② 　知識やデータに基づいて仮説の設定や検証をする
③ 　視点・観点・論点を設定して思考や表現をする
④ 　R-PDCAサイクルを設定して活動や作品を改善する
⑤ 　資料やデータに基づいて考察したり検証したりする
⑥ 　複数の資料や観察結果の比較から結論を導く
⑦ 　視点の転換や逆思考をして考える
⑧ 　**異なる多様な考えを比較して考える**

⑨　学んだ知識や技能を活用して思考や表現をする

⑩　**友だちと練り合いや練り上げをする**

⑪　原因や因果関係、関連性を探る

⑫　学んだ知識・技能を活用して事例研究をする

⑬　**理由や根拠を示して論理的に説明する**

⑭　学習モデルを活用して思考や表現をする

⑮　**自分の言葉で学んだことを整理しまとめる**

⑯　要素的な知識や知見を構造化・モデル化する

⑰　既製の資料や作品を批判的に吟味検討する

⑱　**身に付けた資質・能力をメタ認知し成長につなげる**

⑲　学習成果と自己との関わりを振り返る

⑳　**学んだことを生かして、次の新しい課題を作る**

▶とくに大切な7項目の「深い学び」をうながすには？

　これら7つの「深い学びの技法」をうながすためには、通常の授業でも、たとえば、

「7つの技法を1つずつ短冊に書いて教室内に掲示する」

「7つの技法を小さなカードに書いてラミネート加工して配付する」

「7つの技法をチェックリストにして単元末に自己評価させる」

という方法を使うことができますが、**1人1台端末とクラウド型ソフトウエアを活用することでよりいっそう深い学びを推進することができるのです。**

　一例として、（株）ベネッセコーポレーションのミライシードにあるクラウド型ソフトウエア「ムーブノート」では、「深い学びボタン」を子どもたちがタブレット上で押すことができます（図2-10）。

　①かんがえがかわった！、②はっけんがあった！、③なっとくした！、④あたらしいぎもんをもった！、という4つのボタンになっていて、押した人数の集計結果が画面に表示されます。

　こうした集計結果をきっかけに、教師が子どもたちの考えを交流さ

せていくことで、子どもたちは理由や根拠を明確にし自分の言葉に直した深い考えがつくれるようになるのです。

　一例として、図2-4（p.41参照）のようなクラウド型ソフトウエアでは、自分の考えを文章や写真、図などを組み合わせてマルチメディア作品として表現することができるので、コンピュータと同様にタブレットで操作すれば書き直しや修正、順序の入れ換え、グルーピングの再構成などが自由に行えるため、学びの練り上げや練り合いを含む学習改善が生まれやすくなります。

図2-10　ミライシード「ムーブノート」深い学び集計
表示されたボタンを押すことによって、子どもの気づき・発見について集計することができる

学習の「活性化」機能を使いこなす

▶ 学習の活性化とは？

　最後に５つめの機能として、「学習の活性化」についてみてみましょう。「学習の活性化」とは、「学習の共有化」（２章９参照）でも解説しましたが、子どもたちの学習に対する不安を取り除いたり学習意欲を高めたりして、発表してみよう、違う意見でも言ってみよう、考えが変わったと伝えてみよう、という自信や勇気を持たせる機能です。

　一例として、ミライシードでは、共有化ソフトウエアを使ってコメントを書き込むときに名前が表示されるボタンをオフにすることができますから、道徳科の授業や生活指導場面での個人を特定したくない問題を扱うときには効果的です。スタンプ集計やキーワード集計の機能も、学習の活性化に効果を発揮します（図２-11、２-12）。

▶ 拍手ボタンで全員参加が可能になる！

　また、「拍手ボタン」といって、友だちのよい意見に拍手を送り、その集計結果を見ることで、よい意見の条件や特性について子どもたちが主体的に対話を通して気づいていく発見型の授業が可能になります（図２-13）。

　「学習の活性化」も、見方を変えれば、「全員参加の授業づくり」を可能にする機能といってもよいでしょう。

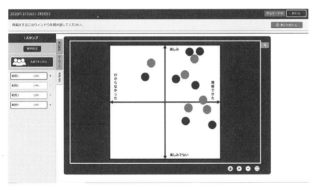

図2-11 ミライシード「ムーブノート」スタンプ集計
子どもの考えを視覚的に集計し、クラス全員の意見の傾向を示す

図2-12 ミライシード「ムーブノート」キーワード集計
子どもの意見に多いキーワードを抽出し集計し、意見を分類できる

図2-13 ミライシード「ムーブノート」拍手ボタン
子ども同士で簡単に相互評価・コメントをつけることができるので意見交流を活発化する
ことができる

12

指導原則「つなげる・育てる・組み合わせる」

「子どもたち同士」を
つなげて育てる

▶ タブレット活用で子どもたちを孤立させない！

　タブレットを子どもたちが効果的に活用できるようにする**指導原則のキーワードは、「つなげる・育てる・組み合わせる」**です。

　子どもたちはタブレットから取り出せる興味深い教材や資料にひきつけられますし、自分の発表資料を作ることに集中するようになります。**つまり、タブレットを使うと子どもたちの学習意欲を高めやすくなり、一人ひとりが集中した授業を展開できるようになります。**

　しかし、そこが落とし穴なのです。1人1台端末を使っていると、「なんとなく授業がうまくいっている」「子どもたちが集中しているから学びが成立しているだろう」という感覚がうまれ、子どもたちが実は孤立状態にあるというデメリットに気づきにくくなります。

　たとえば、ずっと下を向いたまま、文字を入力したり、デジタルコンテンツを視聴したり、友だちのいろいろな意見を読み込んだりしている時間が増えすぎてしまうのです。そのため、常に教師のほうでうまく「一人学び」と「協働的で対話的な学び」とを連続させたり、時間的なバランスを維持したりして、子どもたち同士をつなげて多様な資質・能力を育てるようにしましょう（2章5参照）。

　今後は、子どもたちが自分の学習履歴を収めた「カルテ」にアクセスできるようになれば、そのグラフやデータを自己評価したり相互評価したりして、資質・能力を育て合う関係づくりが可能になります。

●「主体的・対話的で深い学び」の協働的な学びを生かす

新学習指導要領がめざすこれからの学びの姿は、「主体的・対話的で深い学び」において子どもたち同士の関わり合いから生まれる「協働的な学び」なのです。たとえば、子どもたちの学びの協働性は、次のような視点から生み出すことが大切です。

【子どもたちをつなぐ協働的な学びの姿】

① どんな学習課題に取り組めばよいか、多様な意見を出し合って既習内容を活用して考え、1つの候補に絞り込む。

② 異なる価値観がぶつかり合う問題について、多様な考えや立場を出し合ってメリットとデメリットを検討して自分の考えを深めていく。

③ 複数の解決法が考えられる問題について多様な考えを出し合いそれぞれの可能性と限界を検討してグループで最善の方法をつくり出す。

④ 問題解決をした過程と結果を一人ひとり出し合い、それぞれの修正点や改善点を指摘し合って自己修正を図る。

⑤ グループで協力して作品やパフォーマンスを作り、練り上げや練り合いを通してそれらをよりよいものに仕上げていく。

⑥ プレゼンテーションや発表、演技を、メンバーの多様な考えの折り合いをつけながら、グループで協力してつくったり行ったりする。

⑦ 友だちの作品や発表について相互評価を通してほめ合ったりアドバイスを伝え合ったりしてお互いの成長をうながす。

⑧ 友だちのそれまでの学びの軌跡をともに振り返って自己成長の様子を認め合ったり、さらなる成長を励まし合ったりする。

子どもたちが集団思考をしたり、合意形成を図ったり、相互評価による練り上げや練り合いをしたりして粘り強く学習改善をしていくことができるよう工夫をするようにしましょう。

子どもたちは、友だちの考えを聞いて学びたがっています。友だちのアドバイスを素直に聞き入れて自分を高めたいと感じています。

そうした子どもたちの自己成長への意欲を生かすことが大切です。

「デジタルとアナログ」を組み合わせる

▶ デジタルとアナログを組み合わせる理由

　1人1台端末が小学校1年生から配布されるといっても、これまでのノートと鉛筆を使った学習が必要なくなるわけではありません。

　紙には紙の、木には木の特性に応じたメリットがあります。たとえば、ノートやワークシートには、①取り出しやすく一覧がしやすい、②自分で整理する力や構造化する力が身につく、③量をこなしたという実感を持ちやすい、④目の健康に影響が出にくい、⑤教師の朱書きを授業中に入れやすい、といったメリットがあります。

　鉛筆には、①筆圧を調節して書く力が身につきやすい、②手書きの基本が身につきやすい、③ていねいな字を書く習慣が身につきやすい、といったメリットがあります。

　大切なのはデジタルとアナログの両方のメリットを生かすことです。

　どんなに強力な教材・教具であっても完璧ではありませんから、そこに足りないものを、ほかの教材・教具で補うことで、両者の相乗効果を発揮させて、多様な子どもたちの教育的ニーズに対応したバランスのよい教育活動や学習活動を展開することが大切です。

　タブレットや薄型ノートブックはデジタルツールですから、資料やデータの加工や保存、伝達に優れていて、一方で手書きは、人間の心の温かみや個性的な形の創造などに優れていますから、組み合わせて用いることで幅広い効果を生み出すことができます。

また、タブレットや薄型ノートブックは情報提示エリアがモニター上に制限されているので、より大きな表示エリアに常時多様な資料を提示したいときには、黒板や教室の壁を使うことも必要になってくるでしょう。

　さらに、学校間をつなぐ遠隔共同学習やオンライン学習はインターネットに接続されたデジタル機器であるタブレットや薄型ノートブックがないとできませんが、そこにアナログツールである郵便や宅配便を使って実物を送り合うことで、より心がこもった実感のある交流学習を行うことが可能になります(田中博之編著『ヒューマンネットワークをひらく情報教育』高陵社書店、2000年参照)。

　このように、デジタルとアナログは実は補完関係にあって、お互いにメリットとデメリットが異なっていますから、それらを**うまく組み合わせてハイブリッド型教材セットにすることで、最大の教育効果をあげることができる**のです。

● どんな組み合わせが効果的か?

　では具体的には、デジタルとアナログをつなぐ組み合わせ方には、どのようなものがあるでしょうか?

　まず、タブレットとふつうの学習用ノートを組み合わせて使うことが考えられます。加工性や保存性の高いタブレットと、簡便性や広い表示エリアを持つ既存の紙のノートを組み合わせることで、自己成長の軌跡がたどれる多機能の学習キャンバスが生まれます。

　それから、電子黒板とこれまでのチョークやマーカーによる黒板・ホワイトボードの組み合わせ利用が考えられます。たとえば、電子黒板を子どもたちの発表エリアにしてふつうの黒板やホワイトボードを教師の教材提示エリアにすれば、多様な資料を用いた多面的・多角的な考察と表現を可能にする「深い学び」を成立させることができます。

　ほかにもいろいろな組み合わせタイプがありますので、工夫してみてください。

「一斉学習、個別学習、協働学習」を組み合わせる

▶ 多様な学習形態を組み合わせる！

　１人１台端末を使うにあたって、「組み合わせる」という原理が大切になる場面があります。

　それは、**一斉学習、個別学習、そして協働学習という３つの学習形態に応じた学習場面を組み合わせて授業づくりをすることです。**

　授業は、この３つの学習形態を時間的な流れに沿って学習を積み上げていくことで成立するものです。

　そして、「主体的・対話的で深い学び」という３つの学びの特徴を組み合わせた課題解決的な学習を成立させるためには、教師の指導と子どもの学びを組み合わせて相乗効果をねらうことが大切です。

　そして、子どもたちの学びの集団規模を組み合わせて、①教師が一斉に課題や例題、基本資料を提示して導入を図る場面、②一人学びでじっくり考える場面、そして、③グループで協働的な対話を通して考えを広げたり深めたりする場面、さらに、④また一斉学習に戻って課題解決の検証や学習内容の価値付けをする場面を組み合わせて、一つの学びのストーリーを構成することが不可欠になります。

　したがって、文部科学省がGIGAスクール構想のリーフレットで提案するように「一斉学習」「個別学習」「協働学習」をバラバラに実践するのではなく、毎時間はできませんが、**これら３つの学習形態を課題解決過程として組み合わせて構成することが大切なのです。**

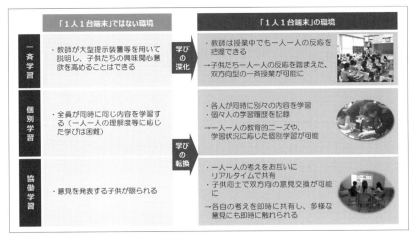

図2-14　GIGAスクール構想の実現へ（文部科学省作成リーフレット、p.3）

▶ 学習形態から見た課題解決の基本的な流れ

　一例として、一斉学習と個別学習、そして協働学習を一連の課題解決の流れとして、そこに1人1台端末を位置付けた授業モデル図を提案します。

　一つの理想的な授業構成のあり方としてご活用ください。

	教師のタブレット活用	子どものタブレット活用
一斉学習	・本時の学習課題の提示 ・共通資料の提示	・多様な資料を読解する ・課題解決への見通しを持つ
個別学習	・デジタル手引きの送信 ・学習履歴の把握と支援	・問題解決の自力解決 ・クラウドへの考えのアップ
協働学習	・焦点化したい考えを強調 ・グループ別資料の送信	・友だちの多様な考えの読解 ・対話や練り上げ、相互評価
一斉学習	・本時の学習のまとめ ・次時の学習課題の見通し	・解決結果の検証をする ・まとめと振り返りを書く

表2-3　一斉学習と個別学習、協働学習を組み合わせたタブレット活用

▶ 学習形態を組み合わせ、クラウド型ソフトウエアを活用する！

それでは具体的な事例を見てみましょう。

戸田市立戸田東小学校の清水享教諭は、6年道徳科の単元「環境を守るために、自分たちに何ができるか？」で、子どもたちにディベートを通してレジ袋有料化をテーマとして環境問題について考える授業を行いました。

授業は2時間構成の小単元となっていて、前半の1時間でタブレットを用いて立論と質問のために必要な資料を収集して意見を形成し、後半の1時間でミニディベートを開いてテーマに関する肯定側と否定側に分かれて意見を交流させて、環境問題の解決のためにレジ袋有料化が効果的かどうかについて考えを深めていきました。

学習活動とタブレット・クラウド活用、学習形態の関係を表2-4に整理しました。

	学習活動	タブレット・クラウド活用	学習形態
（1時間目）			
1	めあてとテーマの理解	なし	一斉学習
2	立場の書き込み	肯定・否定の書き込みと共有	個別学習
3	立場の決定	なし	一斉学習
4	情報収集	インターネット検索	協働学習
5	情報整理	クラウドへの資料保存	協働学習
（2時間目）			
6	ディベートの準備	なし	一斉学習
7	立論	大型モニターでの資料提示	一斉学習
8	質疑応答	大型モニターでの資料提示	一斉学習
9	評決	クラウドでの意見表明と計数	個別学習・一斉学習
10	振り返り	クラウドへの書き込みと共有	個別学習・一斉学習

表2-4 多様な学習形態を組み合わせてタブレット活用をする活動の流れ

なおこの授業は、1人1台端末を通して、(株)ベネッセコーポレーションのミライシードというクラウド型ソフトウエアを活用し、子どもたちが情報収集や意見発表、意見共有などの多様な取組を行った事例です。

　表2-4で本単元の活動の流れを見てみると、複数の学習形態が課題解決の流れに沿ってうまく組み合わされていることがわかります。

　1人1台端末を通してクラウド型ソフトウエアを活用することにより、**単元のまとまりごとに課題解決の流れに沿って、一斉学習、個別学習、そして協働学習という3つの学習形態をうまく組み合わせて単元全体の学習効果を高めることが大切**なのです。

　この授業では、クラウド型ソフトウエアを子どもたちの共通プラットフォームとして活用することで、学習課題の設定から情報収集・整理、討論と質疑応答、振り返りの共有化による考えの深化までの学習活動をしっかりと行うことができました。

写真2-7　ミニディベートのためのテーマを教師から提案する

写真2-8　ディベートのテーマに対する意見を書き込んで共有する

写真2-9　同じ立場でグループを構成し協力して情報を収集・整理する

写真2-10　グループを越えて意見を交流し考えを深めている

写真2-11　インターネット検索をして収集した資料を保存する

写真2-12　ミニディベートで意見を交流している

写真2-13　立論や質問への回答のために資料を提示して説明している

写真2-14　最後にテーマに関する考えや評決の理由を書いて共有する

▶ 授業を通してわかった5つのこと

　1つめは、子どもたちが同時にインターネットに接続したりクラウド型ソフトウエアを使い出したりすると、やや回線速度が遅くなるため、**校内無線LANと学校間ネットワークのバックボーンの速度と容量を十分に確保しておくこと**が大切であることです。

　2つめは、**タブレットとクラウド型ソフトウエアの活用をする資質・能力と、課題解決的な学習を進めるときに必要な資質・能力を並行して、年間の指導計画のもとに継続的に育成すること**です。

　学級担任の清水教諭は、ふだんから社会科の授業における調査研究活動を通して、子どもたちに情報収集力や資料活用力、資料を引用した表現力などの多様な資質・能力を計画的・継続的に育ててきました。

　そうした工夫によって、道徳科での調べ学習や発表活動をしっかりと行うことができるようになったのです。

3つめは、**ふだんから収集した資料の中から立論に必要な情報を、論点を整理しながら取り出す力を身につけておくこと**です。

　たとえば、ディベートの立論をするときにただインターネットにある記事や資料を丸写しにするのではなく、「レジ袋はごみになるプラスチックの全体の数％に過ぎないから有料化にしても意味がないよ」とか、「エコバッグは作るときに二酸化炭素を排出するから必ずしもエコとはいえないね」「このままプラスチックごみを海に放出し続けると、30年後に魚の量よりプラスチックごみの量のほうが多くなるという研究もあるよ」などと、子どもたちは主張点や論点を明確にした上で収集した資料をクラウド型ソフトウエア上に保存していました。

　この点は「深い学び」に通じることであり、タブレットやクラウド型ソフトウエアを使うだけで自動的に育つ資質・能力ではありませんから、ふだんの授業を通して、「視点・観点・論点を明確にした思考や表現を行う」ことを学ぶようにすることが大切です。(田中博之著『アクティブ・ラーニング「深い学び」実践の手引き』教育開発研究所、2017年参照)

　4つめは、**タブレットというデジタル機器と紙のノートというアナログ学習材をうまく組み合わせて用いること**の大切さです。

　もちろん慣れてくれば、また、学年が上がるにつれてリテラシーが向上してくると、すべての情報活用に関わる活動をタブレットだけで行えるようになるでしょう。

　しかし、この授業では子どもたちは、検索した資料から必要な論点と情報を取り出して整理するためや、立論や質疑応答のスピーチ原稿を書くとき、さらにジャッジをするために記録を取ったり評決の理由を書いたりするときには、ノートを使っていました。

　つまり、本学級の子どもたちは、デジタルとアナログの両方の長所をうまく生かして、課題解決に集中して取り組んでいました。

　さらに、授業の最後に、**子どもたちがクラウド型ソフトウエアを使って意見を交流する場面と、教室の中で対面でやりとりをしながら意見を交流している場面をうまく使いこなしていること**も印象的でした。

15 「主体的・対話的で 深い学び」を生み出す 6つの端末活用術

▶「主体的・対話的で深い学び」を生み出す活用術

　では、以上のような端末の特性を十分に生かして、どのような活用術を駆使してよりよい授業づくりをしていけばよいのでしょうか。

　次の第3章から具体的な1人1台端末の活用方法を解説していきます。ここで提案するのは、新しい学習指導要領の改訂の趣旨である「主体的・対話的で深い学び」という新しい学びの姿に沿った、タブレットや薄型ノートブックの活用術です。

　本書では、それぞれの3つの学びの姿を生み出すために、表2-5のような①〜⑥の6つの端末活用術を提案します。

　それぞれの3つの学びのより具体的な特徴は、表2-6を参考にして、授業づくりに生かしてください。

主体的な学び	対話的な学び	深い学び
学ぶことに興味や関心を持ち、自己のキャリア形成の方向性と関連付けながら、見通しを持って粘り強く取り組み、自己の学習活動を振り返って次につなげる。	子ども同士の協働、教職員や地域の人との対話、先哲の考え方を手掛かりに考えること等を通じ、自己の考えを広げ深める。	知識を相互に関連付けてより深く理解したり、情報を精査して考えを形成したり、問題を見いだして解決策を考えたり、思いや考えを基に創造したりする。
① コンテンツ活用 ② 学習評価	③ 協働的思考 ④ プレゼンテーション	⑤ 作品製作 ⑥ プログラミング

表2-5　3つの学びの姿に位置付けた1人1台端末の6つの活用術

【筆者が考えるアクティブ・ラーニングの定義】

　課題の発見と解決に向けた主体的・協働的・創造的な学びであり、習得・活用・探究という学習プロセスに沿って自らの考えを広げ深める対話を通して、多様な資質・能力を育てる学習方法。
（出典：田中博之著『アクティブ・ラーニング「深い学び」実践の手引き』教育開発研究所、2017年、p.51）

視点	場面	主な特徴
主体的な学び	設定	・学習課題や学習問題を自ら発見・設定する。 ・問題解決や創作表現に必要な学習プロセスを、自分で設定する。 ・課題解決に込められた意義や価値を自ら認識・自覚し、解決過程に生かす。
	解決	・自ら資料収集やアンケートをしたりインタビューをしたりして学びに生かす。 ・自分のアイデアや考え、質問を積極的に出して課題の解決に貢献する。 ・このような活動をすればもっとよい学習になると、活動の提案をする。
	表現	・効果的な表現方法を提案したり考案したりする。 ・リーダーシップを発揮して、グループの発表活動をマネジメントする。 ・課題解決の成果を整理・要約して、わかりやすく表現する。
	評価	・振り返りを自分の言葉で書いたり発表したりする。 ・評価規準を自ら設定し、自己評価に生かし学びを改善する。 ・自己の学習状況を振り返り、多面的な自己評価をする。
対話的な学び	設定	・問題解決や創作表現に必要な学習プロセスを、友だちと話し合って設定する。 ・グループで役割分担を決め、話し合いを通して学習計画を作成する。 ・どのような学習課題にすればよいか、クラスで話し合って決定する。
	解決	・グループ内で多様な意見やアイデアを出し合い、学び合いや合意に生かす。 ・課題解決のアイデアや方法を、グループでの対話を通して豊かに出し合う。 ・友だちのよさを認め合い、励まし合って支え合う集団をつくる。
	表現	・地域の人や保護者との対話を通して、自己の学びを深める。 ・よりよい発表内容や発表方法について、グループで活発に意見を出し合う。 ・グループで協力して発表したり討論したりする。
	評価	・友だちの学びを高めるアドバイスや肯定的な相互評価をし合う。 ・友だちとの考えの相違点を認め合い、そのよさを生かし合う。 ・グループ間交流をして、お互いの学びを深め合う。
深い学び	設定	・既有知識を生かして課題を設定する。 ・自分の仮説を図や文章で書いて発表する。 ・これまでの学習を生かして、解決の見通しをもつ。
	解決	・豊かな発想をもとにブレーンストーミングをして思考を深め文章化する。 ・資料を比較しながら原因を探ったり考察をしたりする。 ・「なぜだろう？」「どうしてだろう？」と自ら問い、疑問を持つようにする。
	表現	・既有の知識・技能を活用して、個性的で新しい表現をする。 ・思考や表現をより高いものに練り上げる。 ・理由や根拠を示して、筋道の通った説明をする。
	評価	・既存の情報や資料の背景や出典、根拠などを批判的に検討する。 ・ルーブリックを活用・作成して、自らの資質・能力を高める。 ・既有の知識・技能を活用して、根拠の明確な考察ができているか振り返る。

表2-6　「主体的・対話的で深い学び」の特徴（田中、2017、p.51）

1人1台端末整備の7つのメリット

　筆者は、1人1台端末の整備について、次のような7つのメリットを考えています。

　おそらく各学校においては、この7つのメリットを生かすことが1人1台端末を導入する根拠として強く感じられることでしょう。

　これらを生かした新しい授業づくりの研究が求められます。

【1人1台端末を整備するメリット】

① 個人所有することによりICT利用の責任感と意欲を高める
② コンピュータ教室に移動する時間を減らすことができる
③ 学習への参加意欲や集中力を高めることができる
④ 子どもたち一人ひとりのよさを共有して認め合いを進められる
⑤ 授業中に活躍する子を増やし学級づくりの新たなツールを持てる
⑥ 持ち帰りによりオンライン家庭学習の習慣化につなげられる
⑦ 社会で役に立つネットワーク・リテラシーを育てることができる

　こうした多くの教育的な理由やメリットが1人1台端末整備にはあるとしても、逆にデメリットはないのでしょうか。

　筆者は、GIGAスクール構想における1人1台端末には、デメリットも多いと思います（p.90のCOLUMN参照）。

　これらの問題を解決することを併せて考えていかなければ、1人1台端末はかえって学校の先生方にとっても子どもたちにとっても大きな負担になるのです。

　教師がよい授業をしようとしっかりとした教材研究をしてきても、Wi-Fiの回線速度が遅くなったり、子どもたちの端末が2台でも同時に故障してしまったりするだけで、授業がスムーズに進まなくなり、時間も無駄に過ぎてしまいせっかくの授業も効果を失ってしまいます。

第 **3** 章

「主体的な学び」を実現する実践事例

初級編

───── **タイプ1　コンテンツ活用** ─────

特徴　既製の資料や教材を用いて子どもの書く活動や考える活動の材料を提供する活用法

事例　シミュレーション教材、書く活動の資料活用、動画・音声教材活用、手引き活用など

───── **タイプ2　学習評価** ─────

特徴　動画撮影機能やアンケート集計機能を用いて、自らの学習活動を振り返る活用法

事例　競技の記録と振り返り、製作工程の記録と振り返り、学習成果の自己評価と学習改善など

▶ 文章の特徴を色付けして分類する授業

　大阪市立茨田南小学校の岸川恵実教諭は、小学校1年の国語科単元「いろいろなふね」で、1人1台端末を子どもたちに使わせて、説明的文章の特徴を分析的に読む力を育てる授業を行いました。本時までの授業では、「いろいろなふね」について説明した文章を、「やく目」「つくり」「できること」の三観点に分けて整理して読んできました。

　配布されたタブレットでは、教科書の本文を表示させて、その上から読みの三観点にあたる部分にピンク色、水色、黄色の色ペンを使って線を引いたり囲んだりして強調して文章を読んできました。

　そうした文章を機能別に分類する力を活用して、子どもたちがさらに興味を持つ「いろいろな車」の資料から1つ選んでタブレットで表示させて、その車の解説文を色ペン機能を使って指でなぞりながら三観点でぬり分けていきました。

　岸川教諭は事前に自動車に関する多くの図鑑から画像と解説文を収集して、子どもたちにタブレットから選んでもらえるようにファイル化しておいたのです。資料を選んですぐに線引きができることで学習意欲が高まり主体的な取り組みになりました。

　自分が選んだ車の写真の上に3本の色別の下線が引けたら、それぞれの箇所が読みの三観点を正しく示しているかどうかについて、横の友だちとペアトークで相互評価していきました。そのときに、どのよ

うな言葉を使えばよいかわかりにくいときのために、岸川教諭は、補助輪としての対話型を黒板で示しておきました。子どもたちは、それに沿ってポイントを押さえた相互評価を行うことができました。タブレットの可視化・強調機能をうまく使って読解力を育てた好事例です。

【板書で示した対話型】

はなしあいのヒント

・ぼく（わたし）は、〜にせんをひきました。

・なぜなら、〜だからです。

・どうかな、よんでたしかめてくれる。

・見つけられなかったから、いっしょに見つけてくれる。

へんじのしかたのヒント

・いいとおもうよ。じょうずに見つけられたね。

・ちょっとちがうとおもうよ。〜のほうが…

写真3-1 車の特徴を示す読みの三観点を色別に板書している

写真3-2 指で画面上をなぞりながら、色ペン機能を使って下線を引く

写真3-3 自分が引いた3色の下線が正しいかどうかを相互評価する

写真3-4 自分が引いた3つの下線の箇所について発表し交流している

タイプ1　コンテンツ活用

事例②　小学校２年算数科

「図をつかって考えよう」

● 計算ドリル練習ではなく、問題づくりに取り組む授業

　大阪市立本田小学校の香門由紀恵教諭は、２年生算数科の引き算の問題づくりの単元でタブレットを活用する授業を行いました。

　１人１台端末を算数科の授業で使うとなると、問題を自動で提示してくれるドリル型教材を使って計算練習をするというイメージがありますが、「主体的な学び」を生み出すためにこの実践では発想を転換して、テープ図を使った「問題づくり」に取り組むことにしました。

　香門教諭が出した問題は、次のとおりです。また、本時のめあては、「自分で数を決めて、もんだいをつくろう」です（写真３-５）。

> リボンが12mあります。何mかつかって、まだ（　　）mのこっています。つかったリボンは何mですか。

　導入では、（　　）の中に12mより大きな数が入らないことに気づかせるために、教師のほうで12という数字を入れて、それではおかしいことをまず確認しておきました。次に、板書した問題をノートに写させてから、（　　）の中に１つ数字を入れて問題を作らせて、それを表現するためのテープ図をタブレットで描かせました。

　この実践で興味深い活用法は、タブレットに表示されているテープ図のアプリでは、子どもたちが電子ペンをつかってテープの中心にあ

る境界線を左右に自由に動かせるようになっているため、子どもたちが自作した問題に合わせてテープ図の左右の比率を変えられるようになっていたことです。

　もちろん、テープの周りには文字や数字も自由に書き込めます（写真3-6）。子どもたちは試行錯誤しながら問題を作っていきます。

　そして、発表する子どものテープ図は黒板に貼ったスクリーンの上に液晶プロジェクタで簡単に投影できるので便利です。子どもたちは多様な問題づくりと発表を通して、求残の引き算の特徴に気づくことができました（写真3-7）。最後には、ノートにしっかりと式と答え、そして授業のまとめを書いて終わりました（写真3-8）。

　デジタルとアナログをうまく組み合わせるとともに、子どもたちの多様な解決方法をスクリーンで可視化して、引き算の特徴に主体的に気づかせることができました。

写真3-5　大型スクリーンでテープ図の作り方を示している

写真3-6　一人ひとり作った問題をタブレットでテープ図にしている

写真3-7　多様な解き方を発表している

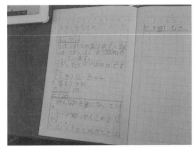

写真3-8　めあて、もんだい、式、答え、まとめを整理したノート

タイプ1　コンテンツ活用

事例③　小学校5年社会科

「社会を変える情報」

▶ クラウド型ソフトウエアで協働的思考をうながす授業

　戸田市立新曽小学校の中里直之教諭は、1人1台端末を使って資料に関する自分の意見をクラウド型ソフトウエアにアップして相互交流し、自分の考えを広げ深める授業を行いました。

　これは、（株）ベネッセコーポレーションのミライシードというクラウド型ソフトウエアを活用した授業の実践例です。本単元は、情報通信ネットワークがどのようにして私たちの暮らしを変えていくか、その成果と課題は何かについて、資料をもとにして考える授業です。

　これまでの授業では、まず地域教材の戸田市の情報ネットワークの成果と課題について、①スマートフォンアプリ「いいとだメール」、②防災行政無線、③河川監視カメラ、④災害用ホームページという4つのテクノロジーを視点として考えてきました。

　次に、病院や遠隔医療で情報ネットワークがどのように患者の医療や情報管理に役立てられているのかについて資料をもとに考えました。

　そして本時では、学習課題「なぜ戸田市は、防災ラジオを導入したのか？」を配付した資料をもとにして、これまで学んできた、「情報ネットワークの成果と課題」という視点から考えました。

　1人1台端末の活用場面では、本単元を通したまとめを文章化するために、「ムーブノート」と呼ばれるクラウド型共有化ソフトウエアを用いて、クラス全員が一人ひとり書いたまとめをタブレットで閲覧

して、まとめをより多面的・多角的な視点から書くことをめざして表現を練り上げていきました。

　すべてを端末による個別学習にしてしまうのではなく、教室前方に設置された80インチの大型タッチ式液晶モニターを使って書き込みをほめて価値付けたり、グループワークを設定して協働的思考をうながしたりして、協力してまとめを練り上げていくように工夫していました。

　そうしてクラス全員が協力して練り上げたまとめは、「これからの情報ネットワークは、はば広く伝わり、速く正確になり、情報がもれにくくなっていくといいと思います。」という文章になり、既習事項と本時で新しく学んだ内容をうまく融合していました。

　こうして、教師主導で書いてしまいがちな「まとめ」を、クラウド型ソフトウエアを活用して子どもたち全員が主体的・対話的に練り上げていくために1人1台端末を活用した優れた授業になりました。

写真3-9　ワークシートにわかったことを記入していく

写真3-10　友だちが書き込んだ多様な考えを参照している

写真3-11　教師も子どもたちの多様な考えを価値付けている

写真3-12　グループで協力して考察を練り上げてまとめている

タイプ1　コンテンツ活用

事例④　中学校1年理科

「生物の分類」

▶ 生物の分類についてビデオ動画から発見する授業

　豊田市立藤岡南中学校の立石智也教諭は、1年生の理科単元「生物の分類」の授業でタブレットを活用する授業を行いました。

　この授業では、学習課題を「セキツイ動物の違いを見つけよう」として、生徒が少人数の班になって、セキツイ動物の体の特徴と生態について、タブレットに保存されたビデオ動画ファイルを主体的に視聴しながらワークシートに整理していく活動を行いました。

　1人1台端末ではなく、理科室で班に1台のキーボード付きタブレット型コンピュータを配置して、グループで対話をしながら協働的に発見をしていく学習になっています。

　タブレット活用の初級編として気軽に取り組めるとともに、これまでの授業のように大型モニターで教師が講義に合わせて静止画を見せていくのでではなく、生徒がいろいろなセキツイ動物の生態に関するビデオ動画ファイルを主体的に視聴し対話をしながらそれぞれの特徴を発見していくという、アクティブ・ラーニング型の授業です。

　生物の分類についてタブレットを用いてビデオ動画から発見する学習は生徒にとってわかりやすいだけでなく、骨格の図解と合わせることでより深い理解を得ることができるようになります。

▶ 生徒が主体的・対話的に進めていける！

　ワークシートには、観察対象についての深い学びが成立するように、観察の観点を明示するとともに、魚類、両生類、ハチュウ類、鳥類、ホニュウ類というこれまでの既習の分類枠を活用して、それぞれのカテゴリーに入る生物を比較考察していくようになっています。

　このようにして、本事例では「主体的・対話的で深い学び」の成立をうながすさまざまな工夫がなされています。

　立石教諭はこのほかにも、「電圧と電流」の単元でも班ごとに実験を通して電圧と電流の関係が直列と並列でどう違うのかを確かめ、その結果をタブレットで示される実験と考察の進め方の手引きに沿って主体的・対話的に進めていく授業を実践しています。

　理科室でタブレットを用いるアクティブ・ラーニングの好事例です。

写真3-13　学習課題を提示し、生徒から出た予想を板書している

写真3-14　大型液晶モニターで生物の骨格の基礎的な知識を押さえている

写真3-15　タブレットで生物の生態に関するビデオ動画を視聴している

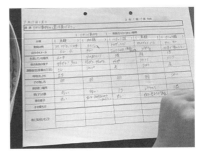

写真3-16　ワークシートに生物の特徴を整理している

「走れメロス」

▶ オンライン型手引きで主体的に読解に取り組む授業

　品川女子学院中等部の植草穂乃花教諭は、「走れメロス」の授業でタブレットを活用する授業を行いました。

　品川女子学院ではすでに2017年頃から、全生徒を対象にして１人１台端末を活用した授業を展開しています。本単元では、Padletというクラウド型ソフトウエアを用いて生徒一人ひとりが自分の読みを書き込み、多様な読みを比較検討しながら自分の読みに生かしていきました。

　読みを広げるための工夫点として、クラウドにアップされた友だちの読みについて、「自分が思いつかなかった考えだな」「自分とは正反対の考えだな」という２つの視点で書き込みをさせました。

　p.77の写真は、①「走れメロス」を読む→②「走れメロス」の魅力を考える→③「走れメロス」が教科書に載っている理由を考える、という課題解決的な学習を継続してきた③の部分の授業の様子です。②で生徒たちが考えた多様な魅力を整理・集約し、③で「教科書に掲載されるほどのこの文学作品の魅力は何か、そして中学生にどのような読みの力と読みを通した人間的成長を求めているか」という学習課題を解決して自分なりの解釈を形成していくことにしました。

　読みを深めるための手だてとして、登場人物の特徴的な「状況」「行動」「心情」という３つの視点に注目して読むことを奨励し、読みを深める観点、「なぜ作者は、登場人物の性格をこのように設定したのか」

「なぜ作者は、このような話の流れで書いたのか」「なぜ作者は、たくさんの言葉の中からこの言葉を選んで表現したのか」の３つの問いをワークシートに入れ、生徒たちに問いに答えることを求めました。

　また、授業ではQRコードを液晶プロジェクタで黒板上に提示して、生徒たちをクラウド型ソフトウエアに導いたり、補助資料や学習の手引きのファイルをダウンロードするためのクラウド型共有フォルダへ導いたりしていました。生徒たちがダウンロードして参照した資料は、ある作家が書いた「走れメロス」についての評論文でした。生徒は自分の読みを広げたり深めたり、あるいは自分の読みの的確さを検証したりすることができました。さらに、自分の読みをしっかりと文章化するための書き方の例示をした学習の手引きもダウンロードできるようにしました。本実践では、こうしてタブレットとクラウド型ソフトウエアを用いて生徒の読みの広がりと深まりを生み出しています。

写真３-17　クラウド型共有フォルダのQRコードを写している

写真３-18　友だちが書き込んだ読みのコメントを参照している

写真３-19　学習のオンライン型手引きを参考にして自分の読みを書いている

写真３-20　自己評価のためのルーブリックを表示して説明している

6

「いろいろなものに へんしーん！」

▶ タブレットで表現遊びを撮影しアドバイスし合う授業

　大阪市立本田小学校の長原尚哉教諭は、小学校１年体育科で表現遊びを通して動物や植物などのおもしろい動きを真似して表現する楽しさを味わうことをねらいとした授業を行いました。いろいろな動き方（あるく、はしる、しゃがむ、はねる、ゆれる、ねじる、はう）の既習技能を活用して表現したり、５名程度のグループになってモデルとなる動きのビデオを参照し自分たちやほかのグループにアドバイスして表現を練り上げたりしました。

　この学校では、校内に200台以上のタブレットを配置して、アクティブ・ラーニングにおけるタブレットの利用方法に関する実践研究を行っています。本時においても、タブレットでモデルとなる動きのビデオを見たり、友だちのグループの表現を撮影してビデオを再生しながら相互評価したりする場面を設定しています。

　まず、１時間目で基本的な動きを動画に合わせて真似しながら表現することで、基本的な技能を習得します。

　次に、２・３時間目ではグループで、花火、やかん、きょうりゅう、たき、せんたくき、さる、火山、ホウセンカ、ジェットコースターなどの題材から１つ選び、タブレットでその動きを確認して練習します。その際には、１時間目で習得した動きの技能をしっかりと活用します。

　さらに、４・５時間目には、変身クイズをグループ間で出し合って

タブレットで撮影した表現の様子を相互に視聴してアドバイスを出し合い、表現を練り上げていきます。

　最後の6時間目は、変身クイズ大会を開きます。こうして、創作表現のための課題解決をタブレットが多様に支援しているのです。

時	主な指導内容	ICT機器活用のポイント
1	・いろいろな動物や物の動きの動画を真似し基本的な動きを習得する。	・さまざまな動画を電子黒板で投影する。
2・3	・グループで動画のイメージに合う動きを考え表現する。動物、花火、火山、ホウセンカ など	・題材の動画をiPadで確認する。 ・児童の動きをiPadで撮り、電子黒板に投影する。
4・5	・変身クイズをする。 ・友だちの動きのよかった動きや工夫したほうがよい動きを交流し、さらに表現を工夫する。	・児童はグループの動きを撮影し、確認する。 ・グループで撮影した動画を電子黒板に投影し相互評価に生かす
6	・変身クイズ大会をする。	・振り返りのために記録を取る

表3-1　主な指導内容とICT機器活用のポイント

写真3-21　真似するものの動きをタブレットで確かめる

写真3-22　グループで動きの真似をしてタブレットで撮影する

写真3-23　撮影したビデオを再生してアドバイスをし合う

写真3-24　タブレットで撮影したビデオを見ながらアドバイスをしている

事例⑦　小学校6年体育科

「バスケットボール」

● タブレットで作戦立てや技の練り合いをする授業

　大阪市立本田小学校の清水麻衣教諭は、6年生の体育科単元「バスケットボール」でタブレットを用いて子どもたちが主体的に作戦を立てたり、撮影したビデオをもとにした振り返りと技の練り上げを行ったりする授業を実践しました。

　本校は、各学年にラックに収納する40台のタブレットを整備していて、活用目的や活用場面に応じて授業で同時に用いる台数を決めています。

　この授業では、4人制のバスケットボールを行い、そこで作戦の立案とビデオ録画・再生による技の練り上げを行うことをねらいとしているため、使用する台数を制限して各チームに1台ずつのタブレットを使用しています。

　p.81の写真で紹介する本時の授業では、めあてを「作戦を使ってゲームをしよう」とし、オフェンスとディフェンスの多様な作戦を工夫して、どうすれば試合に勝てるかという意識を持たせて、タブレットを使った作戦の立案と修正、さらに試合中の技（スキル）の練り上げに取り組ませました。

　チーム内の4人のメンバーで作戦の合意形成を図るために、子どもたちがタブレットで作戦の図を描いて話し合いをしました。

　そして、授業中に3回のゲームをしてその合間の振り返りの時間を

用いてタブレットで撮影したビデオを再生し、技の練り上げを行いました。

　体育科の教科の特質として、ゲームを通した基本的な運動技能と作戦の活用を通した技の練り上げや練り合いに子どもたちが主体的に取り組みやすいため、タブレットの可視化機能によって子どもたちのメタ認知を向上させた「深い学び」の成立にも効果を上げることができました。

　この授業では、「タブレットでビデオが再生できるから、振り返りも成立するだろう」という単純な期待感を持って試合に臨ませるのではなく、「深い学び」の条件である「視点・観点・論点を明確にした思考と表現」に取り組ませることで、自分たちの作戦の効果と自分たちが発揮しているスキル（技）の達成状況を意識化して、子どもたち自身が観点別評価を主体的に行うことができています。

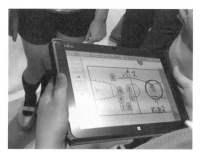

写真3-25　チームの作戦を立案してタブレットで表現し合意する

写真3-26　４人制で試合をしている様子

写真3-27　対戦がないチームのメンバーがタブレットで撮影を担当する

写真3-28　撮影されたビデオを見ながら振り返りをしている

「やさしい言葉で お願いしよう」

▶ ビデオ再生法でコミュニケーション方法を学ぶ授業

　天草市立本渡南小学校の野島あんぬ教諭は、通級による指導で2名の5年生の子どもたちに、「どのように伝えると男子も女子も笑顔になれるだろうか」をめあてとして、タブレットのビデオ再生法を用いたロールプレイ活動による授業を行いました。

　野島教諭は、つい感情のコントロールができなくなる場面を想定し、その場面で必要なやさしくていねいな話し方や応答の仕方を、知識として理解してもらうだけでなく、ロールプレイで演じて自分の話し方をタブレットで録画しメタ認知させることで、よりよいコミュニケーションのあり方に気づかせるという工夫を考えました。

　子どもたちは前時までに、ていねいな言葉づかいや反応の仕方について学んできました。そして、本時では、やさしい言葉が必要となる場面として、「朝の掃除の時間に男子がさわいでいる」というシチュエーションをペープサート劇で確認し、子どもたちはそれぞれに、そこで必要なやさしい言葉を使った伝え方を考えてワークシートに書きました。次に、自分が考えた台詞を使ってロールプレイしている様子をタブレットで録画します。タブレットでは、録画したものを再生して、自分の伝え方を客観的に見ることができるため、よりよい伝え方になるまで、繰り返し練習することができます。

　さらに、学習したポイントを意識して伝えることができたビデオを

お互いに視聴してよいところをほめたり改善点をアドバイスしたりしました。子どもたちが考えた台詞はやさしい言葉になっていました。
「ごめんね、うるさくしちゃって。静かにいっしょにするよ。」（男子）
「おこられるから、みんなで協力して掃除しよう。」（女子）
　それぞれのビデオに対する相互評価は、次のとおりです。
「『ごめんね』の言葉の後に、自分の考えをはっきり言えていてよかった」（女子）
「笑顔で言えているところがよかった」（男子）
　授業のまとめでは、野島教諭が提示した「ふりかえり」の観点と話型を書いたカードを見ながら、学びの成果を発表しました。
「自分は時々はむかうように言っていたけど、今日の学習をして受け止めやすい言葉を使って話すといいということが分かりました。」
　こうしてさまざまな工夫を組み合わせて、行動変容をうながす優れたタブレットの活用が行われました。

写真3-29　話し方のポイントの掲示

写真3-30　手順に沿って録画する

写真3-31　ビデオ再生法による相互評価をする

写真3-32　めあてや学習成果をまとめるワークシートを書く

9

事例⑨　中学校１年美術科

「受け継がれる伝統文化
〜歌舞伎「勧進帳・隈取」より」

▶ 表現のよさや工夫点をタブレットの記録写真で鑑賞する授業

　小松市立芦城中学校の二口佳英子教諭は、１年生の美術科単元「受け継がれる伝統文化」において、歌舞伎「勧進帳」の登場人物の隈取の記録写真を用いて観点別に相互評価することを通して、心情表現としての隈取の工夫点に気づかせる授業を行いました。

　タブレットには、生徒が「勧進帳」の浮世絵や現代の舞台演劇の写真をもとにして、自分の顔をペインティングして作った隈取のデザインを撮影した写真を保存していました。

　その記録写真を用いて、本時では、次のような学習課題を設定し、グループ単位で鑑賞の観点に沿って相互評価を行いました。

> 学習課題：人物の性格や心情を表すために、どんなことを工夫すべきだろう

　本時の学習目標は、「各班の隈取について、①よいところ、②工夫しているところ、③課題点、④改善点について意見交換し、今日の学習課題の答えを見つけよう。」です。

　ワークシートには、「勧進帳」の登場人物である、「弁慶」「義経」「富樫」の場面別の心情を整理して示しています。

　たとえば、「弁慶は、何も書いていない巻物を勧進帳と思わせて読

み上げている場面では、①緊張、②義経を何とかして守らなければならない、③絶対にこのピンチを切り抜けるぞという心情がある。」というように、生徒が隈取を描いたり鑑賞したりするときに参考になる情報が与えられていました。

　生徒たちは、こうしてタブレットの記録写真や鑑賞の観点、そして登場人物の心情の特徴などを参考にして、友だちの表現の工夫点を探っていきました。

　タブレットの撮影・保存機能をうまく使いこなしていることはもちろんですが、この実践では、生徒たちが思い思いに自分の顔を弁慶や義経に見立てて、フェイスペインティングという楽しい活動に取り組んでいることが、学習意欲を高めるとともに、隈取の美術的表現の工夫点に気づきやすくしているといえるでしょう。まさに、デジタルとアナログの効果的な融合が行われた取り組みです。

写真3-33　学習目標・課題、登場人物の心情などを整理したワークシート

写真3-34　タブレットに保存している隈取の記録写真

写真3-35　班の友だちに、自分の顔に描いた隈取の工夫を説明している

写真3-36　クラスの友だちがそれぞれに自分の顔に描いた隈取の写真

「世界に一つだけの『春』を作曲しよう〜箏を使った音楽づくり」

▶ ビデオ再生法で創作した曲と演奏を練り上げる授業

　豊田市立藤岡中学校の宇野亜理佐教諭は、春をイメージして創作した曲を箏（琴）を用いて演奏している様子をタブレットで撮影し、そのビデオ動画を再生しながら、グループで曲と演奏の仕方を練り上げていく授業を行いました。

　本時の学習課題は、次のとおりです。

> 学習課題：どのように改善したら、自分たちの春のイメージに合った作品になるのだろう

　この授業では春をイメージして箏で演奏した曲を鑑賞するとともに、生徒たちは自分の春のイメージをウェビング法で描き出しました。

　また、作曲に必要な箏の独特な演奏技法（弱押し、強押し、かき爪、わり爪、合わせ爪など）や楽譜の書き方について習得する基礎練習の時間も設定しました。

　1つのグループを4名程度で構成し、1人1面ずつの箏を使って作曲に取り組みました。

　そして、それぞれの曲のよいところを組み合わせて1つの曲に仕上げて（共同製作）演奏し、タブレットで撮影しました。

　各グループでは、録画したビデオを再生しながら、ホワイトボード

によい点と改善点を話し合いながら整理していきました。

　この実践では、タブレットを用いたビデオ再生法により生徒たちが主体的にグループでの相互評価的な対話を行いながら、創作した曲と演奏の練り上げを行うということから、「主体的・対話的で深い学び」が実現しているといえます。

　また、鑑賞→自己イメージの整理→個別の作曲活動→グループでの共同製作と練り上げ、という音楽科の課題解決的な学習の特徴を生かした活動構成がしっかりとしていることも優れているところです。

　箏という生徒にとって興味深い楽器を使うことやタブレットで学習意欲を高めるということだけを工夫点とするのではなく、新学習指導要領の改訂の趣旨を理解して、協働的で課題解決的な学習を取り入れることで授業の芯がぶれずに骨格がしっかりとした授業になっていることに学ぶことが多い実践です。

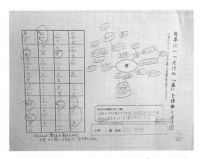

写真3-37　ワークシートに春のイメージと楽譜を書いている

写真3-38　キーボード付きタブレットでビデオ再生法に取り組んでいる

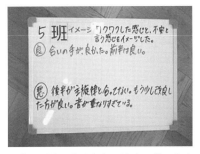

写真3-39　自分たちの演奏の様子をホワイトボードで振り返る

写真3-40　課題点を解決するために曲を練り上げている様子

事例⑪　中学校２年体育科

「柔道」

▶ ビデオ再生法で技を相互評価して練り上げる授業

　小松市立芦城中学校の辻研一郎教諭と泉栄之進教諭は、柔道の授業でタブレットのビデオ再生法を用いて、生徒たちがグループで固め技の返し方を工夫して改善する授業に取り組みました。

　生徒たちは前時までに、袈裟固め、横四方固め、上四方固めなどの寝技を学び基礎的な技術を習得しました。本時ではそれらを活用して試合形式で、固め技とその返し方で勝敗を決める競技に取り組みました。

　本時の学習課題は、次のとおりです。

> 学習課題：どうすれば、固め技を返すことができるだろうか

　また、本時の活動の流れは、次のようになっていました。

① 　学習課題について、グループ内で意見を出し合い、練習する。
② 　全グループ一斉に、グループ内で固め技を返すための実践練習
　　・実践20秒→振り返り（アドバイス）30秒
③ 　３対３のグループ対抗戦
　　・袈裟固め→横四方固め→上四方固めの順で行う。
④ 　学習のまとめ
　　・固め技を返すためのポイントは何か。

　辻教諭と泉教諭は、まず大型スクリーンにパワーポイントのスライ

ドを映して、生徒たちに、「一度相手に抑え込まれたら、そこで試合終了なのだろうか」と問いかけ、返し技の重要性を意識させました。

そして基礎練習をした後に、3人グループで返し技の練習をしていきました。その中で1人はタブレットで練習の様子を撮影する係です。

次に、それぞれのペアでの練習の様子を、タブレットによるビデオ再生法で30秒間振り返ってアドバイスをし合いました。そうして技を練り上げた後は、グループ対抗戦をして技の活用をさせました。

こうしたビデオ再生法による技の練り上げというタブレット活用法は、最近とくに体育科において盛んに実践されるようになってきました。

その意味で、タブレット活用法の初級編の主体的な学びとして位置付けていますが、本事例はそれだけの工夫に留まることなく、練り上げによる「深い学び」の工夫や課題解決的な学習の構成を生かした授業づくりにまで配慮していることが優れています。

写真3-41　パワーポイントを用いて授業の意義と流れを説明している

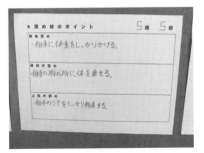

写真3-42　既習の固め技のポイントを整理したワークシート

写真3-43　タブレットで同じグループの練習の様子を撮影している

写真3-44　撮影したビデオを再生して相互評価を行っている

1人1台端末整備の7つのデメリット

　下記のような、筆者が考える1人1台端末整備の多くのデメリットは、文部科学省のGIGAスクール構想に関わる資料には出てきません。

【GIGAスクール構想における1人1台端末整備のデメリット】
①　砂やほこりによる故障、落下による破損、盗難などが起きやすい
②　自己責任による破損や盗難について機器の再無償貸与はない
③　破壊や盗難、誹謗中傷、否定コメントによるいじめが起きやすい
④　長時間の利用による眼精疲労が起きやすい
⑤　対面での言葉によるリアルなコミュニケーションが減りやすい
⑥　インターネット上での犯罪や危機に巻き込まれやすくなる
⑦　ネットゲームなど、学習以外での利用が増えやすい

　そのため、各教育委員会の利用基準などを参考にして各学校で、ネット安全教育（田中博之編著『ケータイ社会と子どもの未来―ネット安全教育の理論と実践』メディアイランド、2009年を参照）を実施したり、ネットいじめを防ぐ道徳科教育を行うこと、さらにネット依存症を防止する健康教育を充実させたりすることなど、多面的な安全・健康教育を実施することが新たに必要になってきます。

　そうしなければ、せっかくのメリット（p.66のCOLUMN参照）もデメリットの発生ですべて消し去られてしまうことに注意が必要です。

第 **4** 章

「対話的な学び」を
実現する実践事例

中級編

―――――― **タイプ3　協働的思考** ――――――

特徴　通信機能を用いて考えや作品、アイデアなどを共
有して深めて練り上げていく活用法

事例　思考の可視化と再構造化、考察結果の比較と改善、
問題解決過程の考察、相互評価など

―――――― **タイプ4　プレゼンテーション** ――――――

特徴　発表用アプリを用いて研究成果や解決結果を作品
にして発表し質疑応答をする活用法

事例　図解発表、資料提供、論理的説明、研究発表など

タイプ3　協働的思考
事例①　小学校４年算数科
「計算のやくそくを調べよう」

▶ 多様な解決方法を認め合い学び合う対話的な授業

　大阪市立本田小学校の坂井琴葉教諭は、４年生の算数科単元「計算のやくそくを調べよう」で、既習のかけ算の式の立て方を活用して、多数のドットの数え方について子どもたちがタブレット上で考え方を式と図で表現して発表する授業を行いました。

　従来の算数科ではこの例題の解き方は、ワークシートに多数のドットの図を書いておき、それを３個ずつ、４個ずつ、５個ずつなどの分け方に沿って円で囲んでまとめて図示して、その横にそれに合わせた式を書いて発表するというものでした。

　しかし、１人１台端末と電子ペンを用いることにより、代表の友だちが２～３人発表して教師が整理してまとめて終わりというのではなく、全員参加の授業が可能になります。

　全員分のタブレット画面を前面の大型スクリーンで共有して多様な解き方を子どもたちに可視化することで、自分とは異なる多くの解き方があることを実感することができるだけでなく、多様な解き方をクラスで出し合ってみんなで問題解決しているという意識を持ちやすくなりました。

　また、坂井教諭は大型スクリーンに子どもたち全員分のタブレット画面を表示しながらも、代表的な解き方のタイプを強調したいときには、板書で図と式を組み合わせて示すなど、デジタルとアナログを融

合した活用方法のよさを生かしていました。

　教師にとっても大型スクリーンで全員分のタブレット画面を共有しているため、誤答になっている子どもを発見することが容易になり、ていねいな個別指導や誤りを生かした授業づくりができるようになりました。

　具体的には、写真4-1にあるように、正しくはドットの数は25個ですから、ドットの上に子どもが描いた囲みの1つに5つのドットが入っていて式も答えも間違っていますが、こうした誤答を発見しやすくなるのです。

　子どもたち自身に自己修正力や問題解決・改善力を身につけられるように、ペアでタブレットを見せ合いながら図と式が正しく書けているかどうかをチェックする時間も設定しています。子どもたちの協働的思考をいっそう充実させた優れた授業になっています。

写真4-1　タブレット上で電子ペンを用いて図と式を描いている

写真4-2　子どもたちの多様な解き方を大型スクリーンで共有する

写真4-3　ペアで友だちの解き方を見て正しいかどうか確認している

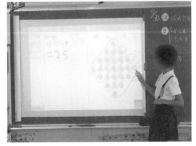

写真4-4　代表的な解き方をしている子どもに発表してもらう

2 事例②　小学校５年道徳科 「だれも知らない ニュース」

▶ 擬似的なSNS環境を設定して道徳性を育てる授業

大阪市立本田小学校の白倉守教諭は、道徳資料「だれも知らないニュース」（文渓堂）を読解させて道徳的問題を提示した後に、子どもたちにEdmodoという擬似的なSNS環境を利用させ、不確かで誤った情報を書き込んだり友だちとそのことで交流したりする体験を通して、情報モラルに関して取るべき行動とその大切さについて考えさせる授業を行いました。

この授業では、擬似的なSNS環境をクラウド型ソフトウエアとして運用することによって、不確かな情報を信じてしまうことの危険性や、誤った情報をSNS上で流布してしまうことの問題点を、より実感を伴って学べるようにしたことが実践の新しさです。

白倉教諭は用意した「誤った情報」を子どもたちにはそうとは知らせずに小さなカードに印刷して配付し、それをもとにSNSに書き込むように指示しました。

たとえば、子どもたちに関心がある次のような情報を流しました。

・実は、ドラえもんにはお兄ちゃんがいる。

・タケコプターの値段は、15,000円なんですよ。

・大ニュース！　ドラえもんを作ったのは、タイムマシンで未来へ行ったのび太だった！

・３月５日に公開されるドラえもんの映画、映画館で見るとクリアファイルがもらえるらしいよ。

子どもたちは、あやしげな情報がSNSの中で広がっていることに不安を感じたり、自分もその広がりに不用意にも参加したり、不確かなままに情報を信じたりしてしまった自分がいたことに、教師からの種明かしを聞いて気づいていました。子どもたちがワークシートに書いた問題点や正しい行動には、次のようなものがありました。

・確実じゃないのに、書きこむのはダメ。
・わからないことやうわさは、ちゃんと確にんしてから投こうする。
・この情報はたぶんうそで、書き込んだらけすことができなかった。
・書き込んだ情報が本当か、わからなくてこわかった。

　情報モラル教育のように、実体験をさせたりその体験談を出したりしにくい問題を扱う道徳科の授業は、このように擬似的なSNS環境を活用することが大変有効であることをこの実践から学べました。白倉教諭は、現任校の大阪市立扇町小学校で実践を継続しています。

写真4-5　子どもたちが受け取ったあやしげな情報カード

写真4-6　擬似的なSNS環境を利用して情報を流したり応答したりする

写真4-7　友だちとSNSに書き込むときの気づきを共有する

写真4-8　子どもたちの意見を整理した板書の様子

3

タイプ3　協働的思考

事例③　小学校６年特別活動

「学級力向上プロジェクトをしよう」

▶ 自動集計ソフトを活用し、学級のあり方を考える授業

　大阪市立本田小学校の指導教諭、國方千春先生は、特別活動の時間で、子どもたち一人ひとりが自分のタブレットからオンラインアンケートに回答し、その結果を瞬時に大型スクリーンに提示して、アンケート結果を可視化するレーダーチャートの形状を見て、自分たちの学級をこれからどう改善していくかを話し合う授業を行いました。

　このオンラインアンケートは、もともと学級力アンケートと呼ばれ、子どもたちが主体的に自分たちの学級をよりよくしていくために、学級についての自己評価結果を子どもたちに可視化できるように、筆者らが作成した子ども用アンケートです（田中博之編著『学級力向上プロジェクト３』金子書房、2016年参照）。

　ふだんは紙ベースで学級担任が印刷して用いているのですが、オンラインアンケートと自動集計ソフトを新たに開発して、子どもたちが一人ひとり自分のタブレットで入力したり、結果をすぐに大型スクリーンで見られるようにしたりしました。

> 本時の学習課題：学級をよりよくするためのプロジェクトを考えよう

　タブレットを用いたオンラインアンケートと自動集計ソフトを使えば、①アンケート結果を子どもたちがすぐに見ることができて学習意

欲が高まる、②学級担任にとって、アンケートの印刷やデータの集計と印刷といった作業負担をなくすことができる、③アンケートへの回答から集計、可視化と診断、学級改善の提案と合意形成までの過程を1時間で行うことができる、といった多くのメリットが生じます。

　まさに、1人1台端末とクラウド型ソフトウエアを活用するメリットを最大限に生かした画期的なの授業であるといえます。

　この学級力向上プロジェクトでは、子どもたちの問題意識と学級改善へ向けた取り組みの一体感を高めることが大切です。この授業では、タブレットと自動集計ソフトというデジタル機器と、アクティブ・ラーニング教室で行った付箋紙を用いたKJ法によるグループ・ワークショップというアナログ活動を組み合わせることで、その目標を十分に達成できていたことが、子どもたちの集中力の高さからわかりました。ソフト開発者のICT支援員、辰本幸代様に感謝申し上げます。

写真4-9　学級力のオンラインアンケートにタブレットで回答する

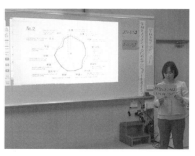

写真4-10　回答結果を瞬時に自動集計ソフトでレーダーチャートにする

写真4-11　レーダーチャートで診断した学級の課題を解決するアイデア

写真4-12　グループごとに提案した学級改善のプロジェクト名を共有する

4

タイプ3　協働的思考

事例④　中学校1年国語科

「少年の日の思い出」

▶ グループ間で物語の読みを深める授業

　さいたま市立土呂中学校の成田和基教諭は、文学作品の読みを深めるために、グループごとに「僕」と「エーミール」の心情に関する読みを発表してタブレットを用いて相互評価をする授業を行いました。

　この授業では、生徒たちは1人1台端末を駆使して、（株）ベネッセコーポレーションのミライシードというクラウド型ソフトウエアを用いて、他のグループの読みについての発表に対して評価コメントを書き合うことを通して、自分の作品に関する読みを深めていきました。

　成田教諭は、本授業の学習目標を、「発表を見て討論会を行い、『読み』を深めよう！」と定め、学習課題を、「『僕』とエーミールのその後の関係は？」という問いかけとしました。

　次に、生徒たちが主体的・協働的に学習課題を解決できるように、相互評価のためのルーブリックを授業開始すぐに提示して、しっかりとした判断基準に沿った評価をし合うことで読みを深めるように指示をしました（資料4-1）。あいまいで直感的な評価コメントを返すのではなく、国語科の読みの学習で必要となる観点と基準をしっかりと意識した学びが成立するための工夫です。各グループからの発表を終えたあとは、机をロの字に並べ直して、生徒たちがお互いの顔を見て対話をつないでいくことで、クラウド型ソフトウエアで共有した広がりと深まりのある読みを参考にして、より深い読みはどうなるかを発見した優れた授業でした。

観点	読解力	疑問への答え・自分の考え	話し合い	発表
判断基準 A	場面の展開や情景の変化、登場人物の行動や相互関係、心情の変化などについて、本文中の言葉を基に捉えて理解を深め、主題を読み取ることができる。	本文中の言葉を根拠として言葉や場面とのつながりなどを考えて、比喩などの表現を読み解き、説得力がある理由と共に疑問への答えを出している。	話題や展開を接続詞や表現技法などをわかりやすく使い、積極的に意見を出しながら、互いの意見を尊重し、取り入れながら考えをまとめている。	相手の目や反応を見ながら、強弱・声の大きさ・速さに注意しながら、根拠をもって自分の考えを伝えようとしている。
B	場面の展開や登場人物の相互関係、心情の変化などについて、本文中の言葉を基に捉えることができる。	本文中の言葉を根拠にして、言葉や場面とのつながりなどを考えて疑問への答えを出している。	話題や展開を理解して話し合い、互いの発言をつなげて考えをまとめている。	相手の反応を見ながら、自分の考えがわかりやすく伝わるようにしている。
C	場面の展開や登場人物の相互関係、心情の変化などについて、本文中の言葉を基に捉えようとしている。	本文中の言葉を根拠にして、言葉や場面とのつながりなどを考えて疑問への答えを出そうとしている。	話題や展開を理解して話し合い、互いの発言をつなげて考えをまとめようとしている。	相手の反応を意識しながら、自分の考えがわかりやすく伝えようとしている。

資料4-1　学習で用いたルーブリック

写真4-13　グループごとにタブレットを用いて予想した読みを発表する

写真4-14　ルーブリックで相互評価した結果を各グループへフィードバックする

写真4-15　友だちからもらった発表へのフィードバック・コメントを共有する

写真4-16　発表後には机を口の字にして、本日の課題の答えを対話をして見いだす

タイプ3　協働的思考

事例⑤　中学校2年社会科

5

「明治政府の近代化の遅れ」

▶ 多様な資料分析に基づいて社会事象を考察する授業

　石川県立金沢錦丘中学校の田中宏志教諭は、明治政府の施策が世界の列強諸国からどう見られていたのかを、多様な資料を活用して生徒がタブレットで発表することを通して明らかにしていく社会科の授業を行いました。

　本時の学習課題は、「明治政府は、今後どのような国づくりをしていく必要があるのだろうか？」です。そのために、田中教諭は歴史の概論を講義するのではなく、アクティブ・ラーニングによる資料活用型ケーススタディを取り入れ、「岩倉使節団の目的が達成できなかった理由は？」と生徒に問いかけました。

　岩倉具視率いる使節団は、欧米諸国へ不平等条約の改正の交渉に渡ったのですが、その目的を果たすことはできませんでした。

　果たしてその理由とは何だったのかを教科書や資料集の記述に基づいてグループで話し合いながら1つの説を主張することを求めました。

　具体的には、①天皇からの委任状を持って行っていなかったこと、②帝国議会が二院制になっていなかったこと、③明治憲法が発布前であったことなどの理由により、明治政府の近代化の遅れが明らかになり交渉相手にされなかったことを資料から見つけて発表するのです。

　生徒たちは、グループごとに3つの説のどれかに合致する資料を教科書や資料集から協力して見つけ出すとともに、ほかの班の発表を聞

きながらほかの２つの説の必要性をしっかりと考慮して自分が選んだ説に関連付けて多面的な考察をまとめとしてノートに書いていきました。まさに教室が１つの協働的な研究グループになったようでした。

　ある生徒は、「岩倉使節団は、日本がまだ外交的に未熟だった中、不平等条約の改正を求めたが、近代国家としての制度を整えていなかったため成功しなかった。明治政府は今後、欧米にできるだけ近づけるように、視察で調査したことを日本の近代化につなげていくべきだ。」と、ポイントをとらえてわかりやすくまとめていました。

　タブレットがあることで、クラスの中でグループごとに整理された多様な社会事象のとらえ方を共有しやすくなるため、多面的・多角的なものの見方が子どもたちの主体的・対話的な調べ活動によって生まれやすくなるのです。本実践ではタブレット活用により、社会科における主体的で協働的な調べ学習が豊かに成立していました。

写真４-17　グループで話し合い資料集から必要な箇所をタブレットで写している

写真４-18　グループごとに集めた資料の提示順序を決めて発表の準備をしている

写真４-19　各グループがタブレットの画面を大型スクリーンに投影して発表する

写真４-20　自分のグループの説にほかのグループの説を加えて多面的な考察をする

▶ 考えを話型に沿って個性的に表現する力を育てる授業

　大阪市立本田小学校の三谷理人教諭は、小学校１年の国語科単元「じゅんじょよくつたえよう」で、オリジナル創作じゃんけんを子どもたち一人ひとりに考案させて、そのアイデアを表現する授業を行いました。

　国語科として、わかりやすく順序よく話すための言語活動の基本を、話型を教えてそれを活用することで学ばせるとともに、一方で、オリジナルなアイデアで新種のじゃんけんを創作させて友だちと一緒に楽しむという、子どもたちの創意工夫や個性を大切にしていました。

　タブレットでは、子どもたちが思い思いに創作したじゃんけんのアイデアを、じゃんけんポーズの写真と文字、そして３つの「もの」の強弱関係を示した三角形の図を組み合わせて表現しました。

　また、国語科のめあてを生かした相互評価ワークシートを活用し、友だちの創作じゃんけんのプレゼンテーションの様子を、「こえの大きさ」「はやさ」「あいてのほうを見る」「じゅんじょよく」という４つの観点から相互評価をするようにしました。

　それでは具体的に、ある児童のプレゼンテーションの様子を紹介しましょう。この児童は、「ドラキュラ」「人」「にんにく」という３つのものの強弱関係を三角形で図示して、タブレット画面を操作しながら創作じゃんけんの遊び方を、話型に沿って順序よく伝えていました。

① 　３つのものの説明

　「ぼくの考えたじゃんけんは、ドラキュラと人とにんにくを使います。」

② 　３つの勝ち負けの関係とその理由の説明

　「ドラキュラは人にかちます。ドラキュラは人の血をすうからです。人はにんにくにかちます。人はにんにくを食べるからです。にんにくはドラキュラにかちます。ドラキュラはにんにくがきらいだからです。」

③ 　それぞれのもののポーズの実演

　「ドラキュラは、このように〜〜のようにします。人は、このように〜〜をします。にんにくは、このように〜〜をします。」

④ 　じゃんけん遊びへの誘いかけ

　「わかりましたか。では、いっしょにやってみましょう。」

個性を発揮しながら基本的な言語能力が身につく楽しい授業でした。

写真４-21　タブレットで文字、図、写真を順に出しながら実演する

写真４-22　グループの友だちといっしょに創作じゃんけんを楽しむ

写真４-23　評価観点に沿ってプレゼンテーションを評価する

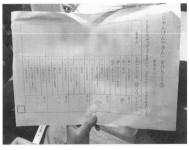

写真４-24　評価観点を書いたワークシート

▶ 社会事象を多面的・多角的に考察する力を育てる授業

　大阪市立本田小学校の中山加奈子教諭は、江戸時代に先人たちがなした治水事業の成果と課題を、人、村、産業という3つの視点から資料に基づいて多面的・多角的にとらえる力を育てる授業を行いました。

　学習課題は、「大和川のつけかえによって、人びとのくらしはどう変わったのだろう」です。

　子どもたちはタブレットを用いて、大和川のつけかえの資料を1つ選び、資料に含まれている治水事業の成果や課題を示す文章を取り出して強調し、それを根拠として自説を発表しました。教室の前面には、すべてのタブレットの画面が映し出され、肯定的な評価意見（成果）と否定的な評価意見（課題）の比率が可視化されていました。

　黒板には次頁のようなマトリクス表を書いて、それぞれの欄にあてはまる代表的な意見を持つ子にタブレットを使ってプレゼンテーションをしてもらいました。事前にグループごとにそれぞれの説を付箋紙に書いて整理していたので、多様な意見が積極的に出されていました。

　タブレットでは、資料の上で強調したい箇所を四角で囲んで根拠をはっきりさせている子や、自説を手書き文字で重ね書きしたり、重要箇所に下線を引いて強調したりする子などがいました。

　タブレットを子どもたちが1人1台ずつ活用することで、資料を活用して根拠の明確なプレゼンテーションをすることが可能になりまし

た。タブレットにより、自説を形成するためにふさわしい資料を選び、そこに書かれている文章から根拠となる箇所を探し出して、その根拠と評価意見及び評価の視点とを照合して合致させるという主体的な思考活動の機会を一人ひとりに保障することができるからです。発表資料の作成からクラスでの共有化、プレゼンテーションと検証までをタブレットでシームレスに行うことで、授業の効率化を図るとともに子どもたちの課題解決の意識が連続した優れた授業になりました。

	人	村	産業
評価する	・こう水は起こったが、人のひ害は少なくなった	・つけかえ工事後のほうがこう水が少ない	・米作りができるようになった
評価しない	・工事のために住むところを変わらないといけなかった	・こう水が起こっている	・堺の港がうまった ・6回も作りかえないといけなかった

表4-1　マトリクス表

写真4-25　資料の文章で強調したい箇所に下線を引いている

写真4-26　大型スクリーンでクラス全員のタブレット画面を共有している

写真4-27　マトリクス表にそれぞれの意見を整理している

写真4-28　タブレットの画面を共有し根拠を示してプレゼンテーションをする

▶ 資料を活用し、考えの根拠を説明する力を育てる授業

　大阪市立本田小学校の笹祐樹教諭は、小学校5年の国語科単元「立場を決めて討論をしよう」で、討論会で資料を引用して根拠を明示したプレゼンテーションを行わせる授業を行い、討論のテーマとして、次のような2つの論題を設定しました。

インスタント食品　　積極的に取り入れるべきだ　　賛成・反対
スマホ・タブレット　小学生も積極的に使うべきだ　賛成・反対

　学級を4つのグループに分けて、それぞれの論題と立場(賛成か反対か)を割り当てて討論をするのです。

　本時の学習課題は、「よりよい主張をするために、アドバイスをしよう」でした。各グループで割り当てられた立場にたって、タブレットで作成した資料を提示しながら同じグループから修正・改善のアドバイスをもらいます。

　子どもたちは、ワークシートに、あらかじめ立場を明確にして、その根拠を資料で調べて4点ほど記入していました。

▶ 達成するめあてのレベルを貼り出す

　また、本校では各授業の達成するめあてのレベルを、SレベルとA

レベルで黒板に貼り出して明示するというルールを設けています。

　本時では笹教諭は次のような判断基準を子どもたちに示して、アドバイス活動を通してＳレベルに到達するように求めました。

Ｓレベル　主張に合う効果的な資料を選ぶことができ、相手に内容についてアドバイスができる

Ａレベル　主張に合う効果的な資料を選ぶことができ、相手にアドバイスができる

　子どもたちは、タブレットで作成したいくつかの画面を見せて、自分の立場を支持する資料（グラフやデータ、文献など）を提示したあと、自分のプレゼンテーションの問題点と修正案（より深い内容まで掘り下げる、最初に言いたいことを持ってくる、もっと整理する、など）を友だちに指摘してもらい、表現を改善しました。

写真４-29　本時の学習課題と判断基準を示している

写真４-30　プレゼンテーションのリハーサルをして修正意見をもらう

写真４-31　タブレットを用いて資料を提示している

写真４-32　友だちからもらったアドバイスカードを整理している

タイプ4　プレゼンテーション

事例⑨　中学校1年数学科

「数当てトリックを作ろう」

▶ クイズのトリックを説明し数学的表現のよさを実感させる授業

　郡山市立小原田中学校（実践当時）の堰上浩明教諭は、中学校1年数学科の単元「文字式」で、数当てトリックを生徒に作らせて、それを実際の数と文字式で表現することを通して、文字式のよさを実感させる授業を行いました。本時の学習課題は、「数当てのトリックを文字式で説明しよう」です。具体的な例題をみてみましょう。

トリック（計算）の文言	文字式
①　数を1つ選ぶ	x
②　その数を5倍する	$x \times 5 = 5x$
③　その答えに15をたす	$5x + 15 = 5x + 15$
④　その答えを2倍する	$(5x + 15) \times 2 = 10x + 30$
⑤　その答えから30をひく	$10x + 30 - 30 = 10x$

（三橋和博編著『高校入試のつまずきを克服する！　中学校数学科アクティブ・ラーニング型授業』明治図書出版、2016年参照）

　①で数字を1つ選んだ人は、②〜⑤のランダムに見える（実はトリックが隠されている）4回の計算をしても、最後には元の数の10倍になる不思議さに驚いてしまいます。まさに、計算のマジックです。

　しかし種明かしをすると、マジックのように感じられる計算は文字式で見てみると元の数の10倍になるように仕組まれているのです。

　こうしてゲーム感覚で楽しみながら、文字式を用いた数学的表現の

よさを実感することができるように工夫されたすばらしい授業でした。

　生徒たちは自分で考えた文字式を手書き入力でタブレットの画面上に書き、それが正しいかどうかについてプレゼンテーションをして、友だちからの検算とアドバイスを受けて修正していました。その際には、わかりやすく順を追った説明ができるようプレゼンテーションのための話型シートを配付しました。また、提示した例題を解かせるだけでなく、生徒たちに自分でオリジナル問題を作成して主体的で対話的な問題解決をうながしていたことも、この授業の優れた工夫点です。

　グループ内での問題解決過程の修正・改善を求めるのであれば紙のワークシートでもかまいませんが、タブレットを用いたプレゼンテーションを設定することにより、クラス全員のタブレット画面を共有しながら、多様なオリジナル問題を発表し合って、文字式による数学的表現のよさを学級全員で多面的・多角的に実感することができました。

写真4-33　一人ひとり数当てトリックを作っている

写真4-34　言葉で書いたトリックを、数と文字式で表現するワークシート

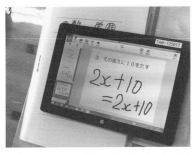

写真4-35　タブレットでトリックの言葉を文字式に表現して発表の準備をする

写真4-36　トリックの言葉を文字式にしてプレゼンテーションをする

▶ 作業工程を撮影しプレゼンテーションで可視化する授業

　鳥取市立千代南中学校の藤原悟教諭は、中学校３年の技術・家庭科の単元「ハンダ付け」で、ラジオの製作をするときの正しいハンダ付けの仕方を学ぶために、タブレットで自分の作業工程をビデオ撮影して、そのビデオを再生しながら正しくハンダ付けが行えたかについてプレゼンテーションをする授業を行いました。

　本時の学習課題は、「手順に沿って電子部品を山型にハンダ付けしよう」です。

　タブレットのビデオ撮影機能をうまく活用して、知識としてのハンダ付けの正しい方法を習得するだけでなく、自分が知識を活用して正しくハンダ付けする技能を習得していることをエビデンスとしてビデオ撮影して記録に残し再生するようにしました。

▶ 発想を逆転させる ── 生徒が教師役になる

　これまで技術・家庭科では、正しい技能の習得につながるように多様なビデオ教材が活用されてきました。それらのビデオ教材の特徴は、

①　正しい方法を教師が演示する
②　間違った方法を教師が演示する

③　正しい方法を生徒役（ビデオ内）の子どもが演示する
という３種類のものがほとんどでした。

　しかしこの実践では、発想を逆転させて、生徒をペアにして１台の
タブレットを提供し、生徒たち自らが正しい方法でハンダ付けをして
いることをビデオ撮影して証拠に残し、**生徒が教師役になって正しい
方法をプレゼンテーションで教え合うという流れにしています。**

　**このような活動構成によって、生徒による主体的・対話的な学びが
成立するようになるのです。**

　自分が正しい作業工程で正しくハンダ付けができたことをビデオ作
品にして、プレゼンテーションをするという活動には、自己の学習へ
の責任感と学習における達成感という要素があるために、生徒の学習
意欲を高めることに大きな効果があります。

　ぜひ、他教科でも参考にしてほしいアイデアです。

写真４-37　生徒がハンダ付けで製作し
た電子作品

写真４-38　ハンダ付けの様子をタブ
レットの動画機能で撮影している

写真４-39　条件に沿って正確にハンダ
付けができたことを示している

写真４-40　タブレットでビデオを再生
して証拠を示している

子どもに伝えたいタブレット活用の
マナーとルール

　ここでは子どもたちに向けてわかりやすくタブレット活用のマナーとルールを理解してもらうアイデアを紹介しましょう。

　あくまでも例示に過ぎませんので、もっとよいアイデアがありましたら各学校で工夫して修正してみてください。

　子どもたちにわかりやすくなるように言葉を選んでいます。タブレット活用の大切な考え方や方法を反映するように工夫しています。

　あ　あいての心をよく考えよう
　い　いっしょに学んで考えを深めよう
　う　うかんだよ　いいアイデアが頭の中に
　え　えんぴつも　これまでどおり　大切だ
　お　教え合い　助け合えば　みんなも笑顔

　か　かくさない　こわさない　落とさない
　き　決まりを守って　たのしく学習
　く　くわしくしらべて　よく考えよう
　け　消さないで　だいじな考え　保存して
　こ　個性豊かに表現しよう

　さ　さっととりだし　すぐ起動
　し　しっかり守ろう　セキュリティー
　す　すてきだね　みんなの考え大切だ
　せ　世界とつながる国際交流
　そ　そばにいる友だち同じチームだよ

　せっかく1人1台端末があるので、子どもたちにマナーやルールのフレーズのアイデアを募集してクラスで力を合わせてつくってみても楽しいでしょう。

第 **5** 章

「深い学び」を
実現する実践事例

上級編

タイプ5　作品製作

特徴　動画やアニメーション、ウェブサイトなどのデジタル作品を作って鑑賞し合う活用法

事例　創作物語デジタル絵本、デジタルクイズ、プレゼンテーション作品、ウェブサイトなど

タイプ6　プログラミング

特徴　ドローンやアニメーションソフトを用いてプログラミング的思考を身につける活用法

事例　ドローン・プログラミング、ロボット操作、動画アニメーション製作など

事例①　小学校1年生活科

「むしむしくいずを つくろう」

▶ 昆虫クイズを子どもたちがペアで協働的に創作する授業

　大阪市立本田小学校の東野一也教諭と大久保恵教諭は、小学校1年生活科単元「いきものとなかよし」で、子どもたちが2人でペアになり、タブレットで昆虫クイズの作品を協力して作って発表する授業を行いました。

　タブレットで作る昆虫クイズは、合計5枚のスライドからなり、1枚目「とくちょう」、2枚目「たべもの」、3枚目「ばしょ」、4枚目「ぜんたい」、5枚目「ほん」、というページ構成を文型の補助輪として板書で教師から提示しました（写真5-1）。「ぜんたい」とは、クイズにする昆虫の体の全体の写真を見せて答えをいうというページで、「ほん」とは、参考にした本の出典を紹介するというページです。

　タブレットで写真クイズを出すという、子どもたちにとって学習意欲を高める題材を選んで、ペアで協力しながら国語科のねらいである、「わかりやすく順序よくはなそう」というめあてを達成するように工夫しています。

　クイズの発表前には、ワークシートにそれぞれのページで話す台詞をペアで考えたり、タブレットで作ったスライドを動かしながら発表のリハーサルをしたりしました。

　もっと説明の言葉を変えたほうがいいときには相談してワークシートに書き込んだ台詞を修正して、深い学びで求められる学習改善に取

り組んでいました。

　発表場面では、大切にするポイントを次のように板書で示して、楽しみながら伝え合う言葉の力が育つように、子どもたちの集中力とめあて意識を高めていました。

（発表するときに大切にするポイント）

・こえの大きさ

・はなすはやさ

・みるほうこう

・たぶれっとのもちかた

・みせるたいみんぐ

　小学校１年生でもタブレットを使えば、構成と文章の型（学習モデル）に支えられて、言葉の力を身につけながら作品を修正していく楽しい深い学びを成立させられることがこの事例からわかりました。

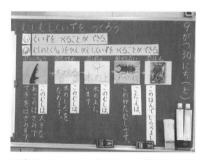

写真５-１　クイズの内容の構成と文型を板書で例示する

写真５-２　ペアで協力して、１つの虫を選んでワークシートに台詞を書く

写真５-３　タブレットで虫の写真を選んでワークシートに台詞を書く

写真５-４　ペアになって、楽しいむしむしクイズをタブレットで発表する

事例②　小学校2年国語科

「絵を見てお話を作ろう」

▶ マルチメディア絵本を創作する授業

　大阪市立本田小学校の香門由紀恵教諭は、小学校2年国語科単元「絵を見てお話を作ろう」で、教科書に掲載されている物語づくりの素材になる3枚の絵を使って、子どもたちがタブレットで音声入りのスライドショー作品を作る授業を行いました。

　本時のめあては「書いたお話をしょうかいしあって、かんそうをつたえあおう」です。

　通常この単元は、教科書に載っている3枚の動物たちの絵を用いて、そこから子どもたちが思い思いにストーリー展開を想像して、原稿用紙に物語を書いて発表することをめあてとしています。

　しかしこの実践では、タブレットを用いて、子どもたちが原稿用紙にまとめた創作物語を読んで音声を吹き込み、マルチメディア絵本を作って発表する活動を取り入れることにより、子どもたちがよりいっそう、書く活動に集中して意欲的に取り組むことができました。

　この実践は、国語科の書く活動の単元ですから、本時の板書には、書くときのポイントとして、次のような7つの創作の観点を示して、その具体例を例示していました。

（板書）
とき、人ぶつ、場しょ、したこと、話したこと、気もち・ようす、つなぐことば

116

また、友だちのマルチメディア絵本を再生してこれらの観点に沿って相互評価をするための評価シートを使って、子どもたちは◎、○、△の３レベルと自由記述でほめたりアドバイスをし合ったりしました。

（評価）

・ときをあらわすことばや場しょを書いている。

・人ぶつがしたことを書いている。

・人ぶつが話したことを書いている。

・人ぶつの気もちを書いている。

・できごとをつなぐことばをつかっている。

・おもしろかったところ。

　タブレットの活用によって、書く活動の必然性や意義を明確にさせ、子どもたちの書くことの意欲と課題意識を高めた優れた実践です。

写真５−５　タブレットに吹き込んだ物語のお話の音声を確認している

写真５−６　子どもたちが一人ずつ思い思いに創作した物語の原稿

写真５−７　友だちのマルチメディア絵本を再生して相互評価をしている

写真５−８　友だちと評価シートを用いてほめたりアドバイスをしたりしている

▶ 仮説検証の結果をプレゼンテーション作品にする授業

　大田区立の中学校で行われた実践で、内藤亜希子教諭は、中学校社会科の日本史学習で、「縄文時代と弥生時代の衣食住の違いはなぜ起きたのだろう？」という謎を探るミッションを、生徒が主体的・協働的に解決する授業をしました。情報の収集と整理にはタブレットを活用し、学校図書館をラーニング・センターにしています。暗記学習になりがちな社会科の授業が、生徒の主体的な謎解きの連続によってしっかりとした課題解決的な学習になっています。

　クラスで4人または3人のグループをつくり、計8つのグループに分け、縄文・弥生時代を衣・食・住・信仰の4つに分類して8グループそれぞれにテーマを割り振ることで、協働的な課題解決をねらいとしました。

　また、各グループに1つ以上の実物教材と2台のタブレットを用意し、課題解決的な社会科学習を行いました。その際、生徒が段階を追って確実に知識を身につけられるように4つの「ミッション」（連続する複数の下位課題）を与えました（ミッションシート）。

　実物教材については、東京都埋蔵文化財センターと静岡市立登呂博物館に依頼し、本物またはレプリカの土器や土偶などの遺物をお借りしました。実物教材を触察することで、歴史を体感できると考えたからです。

単元名は、「縄文・弥生時代の変化について歴史的背景を考える」とし、単元の目標は、「縄文・弥生時代の衣・食・住・信仰について知識を身につけるとともに、それを活用して縄文・弥生の時代の変化を考えることで、歴史的背景である『貧富の差』や『文化の移り変わり』から歴史的変化を説明することができる。」としました。

　本実践で行おうとした「主体的・対話的で深い学び」の基本特性は次のとおりです。

○主体的な学び…ミッションが連続する課題解決的な学習プロセスに沿って、自分で課題解決につながる資料を探し情報や知識を整理する。

○対話的な学び…各グループで役割分担をしながら、ミッションの解決とワークショップ学習での発表作品づくりに取り組む。

○深い学び…収集してきた資料から発見した写真や知識を組み合わせて、課題解決の結果をタブレットで発表作品にまとめる。

写真5-9　ミッションシートに仮説や考察を書いている

写真5-10　遺物のレプリカや資料集の写真を撮影している

写真5-11　グループで協力しながら発表作品を作る

写真5-12　タブレットを操作して、調査研究の成果を発表している

4

事例④　小学校6年総合的な
　　　　学習の時間

「ドローンをコントロールしよう」

▶ タブレットでドローン・プログラミングを体験する授業

　大阪市立本田小学校の西村隆治教諭は、小学校6年の総合的な学習の時間の単元「ドローンをコントロールしよう」で、グループで協力してタブレットを用いて、ドローンを飛行計画に応じて飛ばすプログラミング体験をする授業を行いました。

　近年、ドローンは平和利用を目的とする多様な用途での活用が期待されている小型飛行体です。さいわい、小学生でも体験できる安価で安全なドローンが購入できるようになりましたので、タブレットによるブロック型プログラミング言語を用いたプログラミング教育が気軽に行えるようになりました。

　使用したドローンは、RyzeTech社が販売するTelloという商品名のトイ・ドローンです。重さは、わずか80グラムのとても安全・軽量で扱いやすいドローンなのですが、その分バッテリーの容量も小さく、連続飛行時間が13分しかありません。しかし、興味深いことにそのことが逆に子どもたちの学習意欲と集中力を高め、さらにプログラミング修正力を育てることに効果を発揮します。

　タブレットは、Apple社のiPadをグループで1台ずつ使用しましたが、Androidのタブレットでも構いません。Telloを飛行させるためには、DroneBlocksというプログラミング・ソフトウエアを用いるとよいでしょう。2019年当時、英語版しかありませんでしたが、簡単な英単語

だけでしたので外国語（英語）科が必修となっている小学校高学年の子どもたちには、英語に親しませるよい機会となりました。

　３名または４名のグループに１台のトイ・ドローンが必要ですので、１クラス分のトイ・ドローンを揃えるためには、合計６台から10台あれば十分です。１台が１万円を少し超えるくらいの価格設定ですから学校の予算にも大きな負担をかけませんので、プログラミング教育の必須アイテムとして配備することをおすすめします。

　西村教諭は２時間構成で、ドローン・プログラミングを実施しました。それほど短時間であってもプログラミング言語の習得ができることも、Telloを利用したドローン・プログラミング教育のメリットです。Telloとタブレットの間は、Wi-Fiでつながります。

【ドローン・プログラミング教育の時間構成】

（１時間目）

・ドローンはこれからの社会でどのように使われるかを、総務省の広報ビデオ（「Society5.0」の動画）を視聴してとらえる。（目的と用途の理解）

・２時間の活動の流れを理解する。

・ドローンの機器とプログラミング言語の特徴を理解する。

・一人ひとりでドローンをどのような活用目的で使ってみたいかを構想し図に書いてみる。（災害救助支援、配達、ビデオ撮影など）

・DroneBlocksの命令語について理解する。（上昇、下降、前進、方向転換、宙返りなど）

・一人ひとりでドローンの飛行計画を構想して、ワークシートに鉛筆でプログラムを書いてみる。

（２時間目）

・体育館に集まり、飛行計画に組み入れるための目的地や障害物などの配置を理解する。（フラフープ、跳び箱、カラーコーンなど）

・グループで１つの飛行計画にまとめて、協力してタブレットでプログラミングをする。

・実際にプログラムどおりに飛行するか試行したり修正したりする。

写真5-13 プログラミングの参考になるように子どもたちに渡す命令語の一覧表

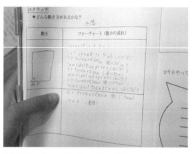

写真5-14 自分の飛行計画に合うようにプログラムを書いてみる

写真5-15 ブロック型プログラミング言語でプログラミングをする

写真5-16 グループごとにドローンを飛行させる

　トイ・ドローンの教材としての魅力は、なんといってもものが空中に浮いて空間を飛び回るおもしろさを子どもたちが感じ取れることです。自分が思い描いたようにドローンが軽快に飛行する様子は、まるで自分が飛行機の操縦士や魔術を繰り出すマジシャンになったような気分にさせてくれます。よくプログラミング教育で使われている動く小型ロボットやコンピュータ・アニメーションとは異なり、ドローンがより子どもたちの学習意欲と集中力を高めてくれるのは、こうした浮遊感の楽しさと操作性の自由さにあるといえるでしょう。

　西村教諭のクラスの子どもたちは、グループで協力しながら意欲的かつ真剣にプログラミングに取り組んでいた様子がとても印象的でした。

　ただし、ドローンは現在では軍事目的でも利用されていることから平和利用の大切さを理解させることが大切であることはいうまでもありません。また、トイ・ドローンは動きは軽快ですが風に弱いため、

屋内での利用が不可欠です。

　実践の工夫としては、ただブロック型プログラミング言語の使い方を学んでドローンを飛ばして遊ぶだけではなく、課題解決的な資質・能力として、飛行計画の構想力、グループでの合意形成力、プログラミングの修正力、チームワーク力などを身につけられるように、カラーコーンの周りを一周して帰ってくるとか、フラフープを置いてその中に着地するようにするといった課題を設定することで、メジャーで距離を測ったり飛行高度を考えたりといった、ゲームをクリアする感覚で楽しくありながら創造的な課題解決活動を体験するようにしました。

　つまり、子どもたちがR-PDCAサイクルを実行してテクノロジーを活用した課題解決的な学習を行うことが大切です。なお、本実践でキッズ向けプログラミング教室STEMONを運営するヴィリング代表中村一彰氏による指導協力をいただきましたことを記して感謝いたします。

写真5-17　ドローンがプログラムどおりに飛行するか見守っている

写真5-18　着地点のフラフープ内に無事着陸したドローン

写真5-19　障害物の跳び箱の周りをプログラムどおりに1周するドローン

写真5-20　うまく飛ばないときは協力してバグの修正をする

タイプ6　プログラミング

事例⑤　中学校２年技術・家庭科

「ドローン・プログラミング」

▶ タブレットでドローン・プログラミングを学ぶ授業

　学校法人普連土学園中学校・高等学校の大竹柊平講師は、技術・家庭科の「プログラミング」で、グループで協力してタブレットを用いて、ドローンを飛行計画に沿って飛ばすプログラミングをする授業を行いました。

　この授業は、中学校の技術・家庭科のプログラミング教育（D 情報の技術）の一環として行われたものです。授業は２時間連続で実施され、次のような流れとなっています。

【ドローン・プログラミング教育の時間構成】

（１時間目）

・ドローンの社会的効用を実感できるテレビニュース番組の視聴

・プログラミングのためのミッション（作業課題）の説明

・マニュアルに沿った操作方法の説明

・タブレットを用いたコントローラーによる試験飛行体験

（２時間目）

・ミッションに沿った飛行計画（コマンドのフローチャート）の作成

・タブレットによるミッションに沿ったプログラミング（グループごと）

・プログラムを実行したドローンの試験飛行体験

・飛行計画に沿ったプログラムの修正と再飛行

・まとめと振り返り

使用したドローンは、トイ・ドローンと呼ばれる小型軽量のドローンであるRyzeTech社のTelloです。また、生徒たちがタブレットを用いて使用したプログラミング言語は、Telloのために開発されたTelloEduという新しいソフトウエアで、すでに日本語にローカライズされていますので、使いやすさが向上しています。

　ここでいうミッションとは、ドローンの機能である荷物の配達を想定して、配達地図に沿って荷物を運ぶ3つの経路の難易度に合わせて決められた3つの作業課題のことです（ミッションカード）。

　また本校では、各クラスを2分割して、それぞれ別の時間にプログラミング教育を実施していますので、少人数授業となり、各グループを3〜4名で構成することができました。

　各グループには、1台のAndroid型タブレットと1台のトイ・ドローンを提供して協働的な学びをうながしました。

写真5-21　PC教室で、ドローン活用のニュース番組を視聴する

写真5-22　ミッションカードとドローン活用マニュアルを配付する

写真5-23　3〜4人グループで協働的にプログラミングをしている

写真5-24　複数の指令ブロックをつなげてプログラミングをしている

初級レベル

① 「Ｂさんの家」へ行き、着陸する

② 「Ｄ学校」へ荷物を届け、「Ａ郵便局」に戻り着陸する

中級レベル

③ 「Ｃさんの家」へ荷物を届け、最短ルートで「Ａ郵便局」に戻る

④ 「Ｆ会社」へ荷物を届け、「Ｄ学校」を通って「Ａ郵便局」に戻る

上級レベル

⑤ 出発後「Ｄ学校」と「Ｅ工場」間を２往復し「Ａ郵便局」に戻る

⑥ 「Ａ郵便局」、「Ｂさんの家」、「Ｃさんの家」を２周する

⑦ 自分たちで考えた道筋どおりにドローンを飛ばせるかやってみよう

　実際の授業においては、前時までにブロック型プログラミング言語であるScratchを学んでいましたので、TelloEduの操作の習得にはほとんど時間がかかりませんでした。こうしたプログラミング教育の系統性の配慮が効果的であることがわかりました。

　また、ミッションのレベルを複数設定したことが、生徒のチャレンジ意欲を高めるとともに、グループでの協働的なプログラミング活動への集中力を高めることにつながっていました。

　本校の生徒は、何事にもチャレンジ精神を持って取り組む態度が高く、その一方で授業規律をしっかりと守りながら楽しく協力し合う優れた学習姿勢を身につけていますので、安全な状況のもとで成果の高い学びが実現したといえます。

　また、トイ・ドローンは小型軽量であることから屋内での利用が不可欠となりますが、本校では学校の施設・設備が充実していて、ホールを有効利用できたことで、ドローン・プログラミング教育という新しい学習環境を必要とする学習方式が可能になりました。

▶ ドローンの持つ機能に気づく

　さて、生徒たちが書いたワークシートの記述や授業中の発表内容を

見ると、プログラミング学習が効果を上げ、ドローンが持つ社会的機能に多面的・多角的に気づくようになったことがわかります。

　まず、本校の生徒たちは未来社会におけるドローンの肯定的な機能だけに注目するのではなく、たとえば、「ドローンは空中を飛ぶのでプログラムどおりに飛行するとは限らないので危険性もある」「プログラムで指示したとおりに飛行しないこともあるので注意が必要だ（とくに距離や高度の数値の誤差と飛行環境の照度の問題）」「飛行できない箇所（災害など）を飛べないことによる飛行範囲の限界もあるのではないだろうか」といった疑問や不安に基づく深い洞察ができていました。

　また、ドローンで事故が起きたときの責任の所在をどう求めたらよいかという問題提起をした生徒もいました。

　短時間でのドローン・プログラミング教育でしたが、生徒たちが近未来の社会を考えるよい学習機会となりました。

写真5-25　プログラミング的思考を育てるフローチャートを書いている

写真5-26　広いホールでドローンの試験飛行を行っている

写真5-27　計画した飛行計画に合うようプログラムの修正をしている

写真5-28　「ランディングパッド（離着陸目標）」を用いて飛行の制御をしている

第 **6** 章

タブレット活用の
ための教え方

重点単元を設定して課題解決的な学習を進める

▶ 1人1台端末の活用はかえって時間がかかる？

1人1台端末を子どもたちが使いこなせるようになると、確かに鉛筆やノートを使うくらいの簡単さや気軽さがあるため、学習がすいすい進んでいくような「学習の効率性」を期待することでしょう。

しかもいろいろな高度な機能が付いているので、授業が早めに終わったり、今まで1時間単位ではできなかった活動までできるようになったりするだろうという期待もふくらむことでしょう。

しかし、実際に1人1台端末を導入している学校の授業の様子を見てみると、実態はその逆であることに気づきます。

たとえば、クラスの子どもたち全員が自分の意見を書き込むまで待つ時間がかかったり、共有画面の上に並べられた多様な意見から自分と同じ意見や異なる意見を見つけて、それに対して感想を書き込んだり、書き込んだ感想を大型モニターを前にして発表したり、といった**一つひとつの活動に思ったより時間がかかる**のです。

また教師のほうでも、きめ細かい個に応じた指導をするために、クラウド型ソフトウエアを使えば、だれがどんな考えを書き込んでいるかを一覧して把握できて便利なのですが、やはり全員分を見るには時間がかかってしまいます。慣れれば少し効率化も可能ですが、45分や50分では足りなく感じられるでしょう。

▶ 単元や題材のまとまりでの授業改善に位置付ける

　また、新学習指導要領のもとでは、すでに前章までに多くの事例を紹介して解説したように、「主体的・対話的で深い学び」の視点を生かした授業づくりが求められていますから、1人1台端末を計算ドリルや漢字の練習ばかりに使うわけにはいきません。

　新学習指導要領では、「主体的・対話的で深い学び」は1単位時間で実施するのではなく、単元のまとまりごとに、1つの単元全体を課題解決的な学習の流れを生かして構成することを大切にしています。

　ということは、1人1台端末もできる限り多くの場面で、学習課題を設定することに用いたり、調べてまとめることに使ったり、友だちとの交流を通して自分の考えを深化させて発表したりするために活用することが求められます。

　そうすると、1単位時間で課題解決的な学習を行うのではなく、**2時間構成や3時間構成による課題解決的な学習に、1人1台端末を用いて取り組ませることが授業改善のポイント**になります。

　しかしここで問題は、教科書の学習内容は減っていないことです。「教科書の見開き2ページで授業1時間分」という発想のままで授業づくりをしていたのでは、どうしても課題解決的なタブレット活用はできるようにならないのです。時間の壁は、実際にはとても大きな授業改善の阻害要因になるのです。

▶ 単元の重点化による課題解決的な学習の設定

　その解決策は、1年間に配列されている全単元を時間的に均一に扱うのではなく、ある単元に1、2時間を多くあてたり、基礎的な知識習得のための一斉指導の数時間分を1、2時間に圧縮したりして、課題解決的な学習の時間をしっかりと確保することが不可欠なのです。

　単元の流れを見通して、「プラス1時間の勇気」を持つようにしましょう。

2 1時間の授業の組み立て方

▶「横の友だちと話せばいいのに」を乗り越える5つの技

　1人1台端末を使うときには、1時間の授業をどう組み立てていくかも大切な授業づくりの留意点になります。

　なぜなら、1人1台端末を初めて使う教師の授業を参観すると、まず、「横にいるんだからすぐ話せばいいのに」とか「ずっと下を向いて元気がない授業だね」という批判が出てしまうからです。

　たとえば、本時の学習課題を「端末に自分の意見を書き込んでそれを大型モニターで共有して話し合おう」にするまではいいのですが、子どもが入力に慣れていないこともあって、端末を使った入力活動に10分も15分もかけてしまい、その間ずっとしーんとしてしまうのです。

　静かに集中しているといえば聞こえはいいのですが、子ども同士はすぐ横にも前にも後ろにも座っているのですから、大型モニターに全員の意見が出るまで黙って待ち続けるという時間が無駄に見えてしまいます。そうした問題の解決策は、次の5つになります。

① 資料読解の宿題を出して、自分の考えを本時前に書いてもらう
② タブレットで考えを書き込む前にペアトークを3分入れる
③ ペアで話し合いながらタブレットで書き込むようにする
④ 書き込みが終わったら近くの友だちとペアトークをしてもらう
⑤ 初発ではなく授業で練り上げた考えを書き込み、次時に生かす

つまり、「タブレットに書き込んだ自分や友だちの考えについては、必ずタブレットの共有画面を通して返信をタブレットで書き込むことによってしか交流してはいけない」というのは思い込みなのです。

　ときには授業中にデジタル（タブレット）とアナログ（ノート）を組み合わせたり、画面に文字で表示されている友だちの考えと友だちとの対面コミュニケーションを組み合わせたりして、自由自在に子どもたちが交流するよう授業を組み立ててよいのです。

　また、どの授業も、「導入・展開・まとめ」という画一的な流れで構成するのではなく、タブレットを用いた意見の共有と交流による練り上げや深化をねらいとして、2時間をひとまとまりとして授業を構成し、1時間目はタブレットを使わずに2時間目で練り上げられて深化した考えをタブレットで書き込んでアップし、それをもとにして対面で交流するという流れをつくることも大切です。「本時中心主義」の画一的なタブレット活用にならないよう工夫しましょう。

　さらに、タブレットを家庭に持ち帰ることができる学校では、前頁の解決策の①で提案したように、新しい宿題の形式として、「調べて考えて、考えをオンライン上にアップする事前学習」の習慣をつけるよう粘り強い指導を行ってください。

　そうすることで、たとえ本時が45分や50分という時間的制約の中にあっても、効率的な授業運営ができるようになるのです。

▶ ときには60分授業を設定する！

　これは小学校でしかできない技かもしれませんが、ときには45分授業ではなく、1人1台端末を活用した課題解決的な学習を実践する重点単元では、2つか3つの授業を60分授業として編成して、タブレットとクラウド型ソフトウエアの活用に時間を十分にかけ、子どもたちがじっくりと考えを深めたり、友だちと交流して考えを練り上げたり、タブレットを用いてプレゼンテーションをしたりといった「主体的・対話的で深い学び」を体験できるような工夫をしてください。

3 すき間時間の
上手な使い方

▶ 子どものタイム・マネジメント力を育てる!

　授業時間をより効率的に使うためには、子どもたちにタイム・マネジメント力を育てることも考えてみましょう。

　年間授業時数は増えないため、時間がかかる1人1台端末の活用を取り入れると、基礎的な学習内容の定着が不十分になるばかりか、タブレットの導入で下を向き入力ばかりしている授業になり、かえって「主体的・対話的で深い学び」が減ってしまいます。

　しかしもちろん、低年齢の小学生のうちから、授業時間外でのタブレットを使った予習や復習、宿題などを大量に押しつけてはなりません。

　そこで、子どもの発達段階によって時間量を調節することが必要になりますが、たとえば一日に家庭で15分程度、そして学校で10分程度の「すき間時間」を子どもたち自身に生み出してもらい、それを使って、タブレットを用いた予習、復習、宿題をしてもらうようにするのです。

　つまり、子どもたちの自律的なタイム・マネジメント力を育てることにより、少しでも空いた時間を有効利用して、自分の学びをしっかりと組み立てて授業に臨むように習慣付けてほしいのです。

　急がずにゆっくりと子どもたちが意識して取り組めるように、そして取り組めたらほめてあげるようにして、すき間時間を生み出して有効利用する力、つまりタイム・マネジメント力を身につけることの大切さを実感させてください。

▶ すき間時間の種類

　すき間時間には、どのような種類があるでしょうか。工夫をすれば、下記の時間枠で５分程度を生み出すことができます。もちろん全部の時間枠から５分ずつ取り出すわけではありませんから、子どもたちが自分のペースや遊びたい時間とのバランスで、一日に５分を１回だけでも生み出すように習慣付けることが大切です。タブレットを用いた学習課題がおもしろければ、子どもたちは時間の生み出しをいやがることなく、不思議なほど集中して取り組んでくれるようになります。

　また、どうしてもすき間時間が生み出しにくい場合には、たとえば、朝の始業前の帯の時間を、週に１回は子どもたちの判断でタブレットを用いた予習や事前の考えの書き込みの時間として認めてもよいでしょう。

【学校で生み出せるすき間時間】

・学校に着いて１時間目が始まるまでの時間
・給食の配膳が終わるまでの時間
・お昼休みが始まってすぐの時間
・お昼休みを早めに切り上げて５時間目が始まるまでの時間
・掃除が終わって帰りの会が始まるまでの時間
・集団下校がないときの帰りの会が終わってからの時間

　家庭では団らんの時間も必要ですし、自主学習にあてる時間や子どもによっては塾の宿題をする時間も必要ですから、無理なくできる範囲で、たとえば、お風呂から上がってすぐ５分書き込みをするとか、ゲームを一日５分短縮してタブレットで予習をするとか、帰ってランドセルを置いたらすぐ10分だけ事前の調べ学習をするなどが可能です。

　たとえ一日５分でも10分でも「継続は力なり」ですから、のちのち大きな力となるのです。タブレットを用いた家庭学習の習慣化を、これからの学校の教育目標にぜひとも掲げてください。オンライン学習にも対応できる、子どもたちの自律的なタイム・マネジメント力や家庭学習デザイン力が新たな資質・能力として大切です（６章７参照）。

QRコードが付いた デジタル教科書の 組み合わせ利用

▶ 多様なデジタルコンテンツの活用

　デジタルコンテンツ（コンピュータ活用型教材）といえば、新型コロナウイルスによる休校期間中に先生たちが作成したYouTube教材がありましたし、民間企業や行政、そして教科書会社が作成した良質のアニメーション教材や静止画教材、ビデオ教材などもあります。

　1人1台端末が配布されるようになると、授業中はもちろんのこと、すき間時間を活用した授業内容の予習・復習や家庭学習での予習・復習にも使えます。もちろん、高度な技術を用いた良質のデジタルコンテンツが利用可能になれば、子どもたちの学力向上や多様な資質・能力の育成に効果を発揮します。また、デジタルコンテンツの製作に多くの時間をかけられない多忙な先生方を助けることにもつながります。

　したがって、1人1台端末を課題解決的な学習のツールとして用いることと並行して、本書で提案する「コンテンツ活用」というジャンルにあてはまる学習を合わせて推進することが大切です。

　たとえば、アニメーション教材やビデオ教材は対象物の動きや変化の理解、そして学習の手順や動作の流れの理解を促進します。また、静止画教材は対象物の特徴を詳細に理解することを助けてくれます。

　こうした教材は、子どもたちがふだんの生活で経験できない未知の世界を見せてくれるとともに、子どもたちの学習意欲も高めてくれる効果があります。

▶ QRコードを子どもが用いる新しい教科書の活用

　こうした優れた効果を持つことから、デジタルコンテンツの活用は近年ではとくに教科書会社が積極的に推進しています。

　紙媒体で製作されているアナログな教科書に、デジタルコンテンツを付加することで紙媒体だけでは提供することができなかったさまざまな教育効果を発揮することができるようになっています。

　たとえば小学校の生活科では、教科書では見せることができない動植物の生態をリアルに見せるビデオ教材や静止画教材が豊富に提供されています。算数・数学科では、グラフの書き方や読み取り方をアニメーションで見せる教材がいろいろと工夫されています。国語科では、物語の挿絵を大型モニターで映し出して物語の世界を臨場感豊かに再現する静止画教材や物語の朗読をしてくれるビデオ・音声教材などが提供されています。社会科や理科の教科書に付いてくるデジタルコンテンツには、実験や観察を疑似経験させてくれるビデオ教材や静止画教材があります。

　そして、2020年度以降に配本になった新しい教科書には、QRコードが付いていて、教師だけでなく子どもたちも1人1台端末を使って、こうしたデジタルコンテンツにアクセスして、学習内容の理解を深めたり、疑似経験をしたり、学習対象により深い興味・関心を抱いたりすることができるようになっています。

　さらに次の2024年度に行われる教科書改訂では、QRコードを利用したデジタルコンテンツの提供はますます推進されることでしょう。

　もちろんここでも、デジタルコンテンツの視聴のしすぎによる子どもたちの眼精疲労や視力低下に注意するとともに、視聴時間の増加に伴う学習時間の減少にも留意しながら、**こうした良質のデジタルコンテンツを適切に取捨選択して活用することと、1人1台端末による「主体的・対話的で深い学び」の推進を組み合わせて相乗効果を上げることがこれからの授業研究のポイントになる**のです。

5 AIドリルで基礎的な学力の定着を図る

▶ AIドリルとは？

　一方、反復練習による基礎的・基本的な知識・技能のいっそうの習得と定着を図るためには、1人1台端末を使ったドリル反復練習が大変効果的です。

　最近では、子どもたちの解答履歴を分析・判断して適切な難易度の問題を順次出してくれるAI（人工知能：Artificial Intelligence）機能が組み込まれたAIドリルと呼ばれるオンラインのドリル反復学習ソフトウエアが開発されて、学校や家庭での利用が始まっています。

　AIドリルはすでに、民間の教育関連会社や塾が、自社で提供するタブレット型学習端末に組み入れて、家庭で楽しみながら基礎学力が身につく教材キットを販売していますので、実際に動作する様子を見たことがある方も少なくないでしょう。

　AIドリルは、あくまでも基礎学力の定着をめあてとしているため、基本問題の反復と、解答形式を数値や選択肢にした文章題（やさしい応用問題や活用問題）の解答に限定して出題をしていますが、これからは子どもたちがタブレットに書き込んだ手書き文字や自由記述の読み取りと判別・読解が可能になる時代がもうすぐ来るかもしれません。そうすると、高度な文章題や活用問題、そしてPISA型読解力問題を出題することができる「高度AIドリル」も開発されるかもしれません。大きな期待が寄せられている分野です。

▶ AIドリルで学習時間を確保する！

　AIドリルに期待されていることは、子どもたちの基礎学力の向上だけではありません。それに関連していますが、学習時間の確保という観点からもAIドリルが果たす役割が大きいのです。なぜなら、AIドリルを学習過程に組み入れることで、子どもたちがすき間時間を使って学ぶことや、家庭学習の一環としてドリル反復学習を行うことにつながるため、一人ひとりの学習時間を増やすことになるからです。

　現在でもいわゆる学び直しや復習、反復のための時間は、学校では各学期の終わりに2時間から3時間程度保障されていますが、それだけでは十分でない子どもたちが多いのです。学校で使う教科書や標準的な年間指導計画では、年間授業時数が限られているため、学び直しの授業時間を多く取ることができません。そのため、学力に課題のある子どもたちは、学び直しや復習をするために十分な時間を与えられないまま次々と新しい学習内容をこなしていくことを求められているのです。きっと学校の先生方も、そうした「教え残し、学び残し」といった状況を内心ではとても残念に思っていることでしょう。

　そこでAIドリルを導入すれば、子どもたちは意欲的に取り組みながら、自分の弱点を補強したり、あいまいだったところを反復して確かな理解につなげたり、あるいは、得意分野においてはどんどん難しい応用問題を解いたりして、自分の習熟状況と興味・関心に応じたきめ細かい指導をいつでも受けられるわけです。

▶ 学習の進捗を可視化して子どもにメタ認知させる

　できれば、AIドリルの学習履歴閲覧機能を子どもに参照させて、解けない問題が解けるようになってきた自分の学習履歴をメタ認知することをうながしてみましょう。

　そうすれば、子どもたちの学習に対する見通しを持つ力が高まるとともに、次への学習意欲が高まってきます。

ハイブリッド型オンラ イン学習のすすめ

▶ ハイブリッド型オンライン学習とは？

　新型コロナウイルス感染拡大防止のために2020年3月から3か月以上もの全国一斉休校措置がとられました。そこで、学校の先生たちは、オンライン学習用教材を配信する必要に迫られて、YouTubeでビデオ教材を配信したり、Google Classroomにプリント教材をアップロードして宿題にしたり、子どもたちとZoomを用いたリアルタイム・オンライン授業を実施したりしました。

　オンライン学習には、次のようなメリットがあります。

【オンライン学習のメリット】

①　時間と場所を選ばずに、いつでもどこでも予習や復習ができる。

②　予習や復習にあてる時間を自分のペースに合わせて決められる。

③　予習として調べ学習や自分の考えの整理とアップロードができて、授業での討論や発表の効率を上げられる。

④　学校の授業での学習内容を、家庭学習による復習の時間で定着させることができる。

⑤　オンライン上にアップされた友だちの考えや意見をもとにして、交流したり自分の考えや意見を練り上げたりすることができる。

⑥　リアルタイム・オンライン学習により、離れていて直接会えない状況でも擬似的な対面形式で授業に参加できる。

　公立学校ではまだ多くの家庭で家庭内にネットワーク環境や子ども

用タブレットが用意されていないため、オンライン学習を必修にすることはできませんでしたが、試験的運用を通してオンライン学習の効果を実感した先生も多かったでしょう。

しかもこうした多くのオンライン学習のメリットは、③、④、⑤にあげたように、学校での対面での授業と関連付けて実施することでその学習効果は高められるのです。

つまり、「対面授業とオンライン学習の一体化」、あるいは、「対面とオンラインの一体的デザイン」と呼ぶような発想で、これからの授業づくりのあり方を変えていく必要があるのです。

このようにして、対面授業に関連付けられて実施されるオンライン学習のことを、「ハイブリッド型オンライン学習」と呼びます。

公立小・中学校では、ずっと100％オンラインで行う学習はあまり想定できませんから、今後、新型コロナウイルス感染拡大の再来による休校措置があるかどうかに関わらず、1人1台端末を用いた家庭学習の充実がいっそう図られることを前提にして、これからの時代には、ハイブリッド型オンライン学習の設計と実施、評価のあり方を明らかにしていくことが求められているのです。

▶ 分散登校にも対応したハイブリッド型オンライン学習

ハイブリッド型オンライン学習には、同期型というもう一つのタイプがあり、これは2020年度春の分散登校時にその効果が発揮されました。同期型とはリアルタイムという意味で、「同時に行われる」または「並行処理される」という意味です。

つまり、学校の教室を三密にしないために、学級の児童生徒を半分ずつの2つのグループに分けて、ある曜日にはAグループの登校を認めて教室で対面授業を行い、同時にもう一方のBグループは自宅に待機しながら、教室から配信される授業を1人1台端末でリアルタイム・ハイブリッド型オンライン学習として受けるという仕組みです。これは、運動会や体育祭にも応用されて実践が広がりつつあります。

7 オンライン家庭学習を習慣化する家庭学習力アンケートの活用

▶ 家庭は必ずしも学習に適した場所ではない

1人1台端末が普及してきて家庭への持ち帰りが認められる学校では、どれほど子どもたちが自律的にオンライン家庭学習に取り組めるかが学習成果を生み出せるかどうかの鍵となります。

なぜなら、家庭という場は憩いと団らんの場であり、リラックスして日頃のストレスを和らげる時間を持つことも大切ですから、必ずしも予習や復習といった学習にふさわしい環境ではないのです。

いいかえれば、子どもの家庭学習は、教師にとって見えにくいブラックボックスであるだけでなく、子どもにとっては、「やらなくてもすむもの」「誘惑に負けてやらずじまいになるもの」、そして「やれと言われるとよけいにいやになるもの」なのです。

こうした学力向上にとってマイナスの環境になりやすい家庭を、これからはオンライン学習の場にしようとするわけですから、最も大切な学習原理は、子どもを「自ら学び自ら向上する自覚と責任を持つ自律的な学習者」に育てることにほかなりません。

言い方を変えれば、**家庭学習のアクティブ化によってこそ、学校でのアクティブ・ラーニングが確かに成立する**といえるのです。

▶ チェックシートで習慣を振り返ろう！

　そのためには、家庭での学習習慣と生活習慣を振り返りチェックシートで自己評価して、子どもたちが自律的に自分の家庭学習のあり方を改善していくための家庭学習力アンケートとその結果を可視化するレーダーチャートの活用をおすすめします（田中博之編著『小・中学校の家庭学習アイデアブック』明治図書出版、2017年参照）。

　このアンケートとレーダーチャート表示ソフトウエアは、上記の参考文献の出版社ウェブページからダウンロードできますので、学校で一括してクラスのクラウド型共有フォルダにファイルを入れておいて、子どもたちに特別活動の時間で使ってもらうこともできますし、家庭の保護者の協力のもとに子どもが自分の家庭学習力の伸びを確かめながら家庭学習のあり方を自分で改善していくこともできます。

　今こそ、「自律的な家庭学習の習慣化」をオンライン学習時代の家庭学習のキーワードにしていただけることを願っています。

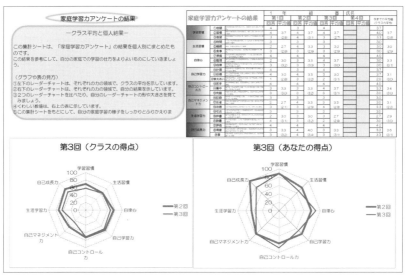

資料6-1　家庭学習力レーダーチャート

家庭学習力アンケート

（小学校高学年用）

```
年    組    番
名前
```

第 　回 （　　月）

◎　このアンケートは、自分の家庭学習をよりよくするために、自分の家での勉強や生活のようすをふり返るものです。それぞれの 項目 の４〜１の数字のあてはまるところに、一つずつ〇をつけましょう。学校の 成績 とは 関係 ありませんから、ありのままを答えてください。

４：とてもあてはまる　３：少しあてはまる　２：あまりあてはまらない　１：まったくあてはまらない

学習習慣 （ 大切な学習を、こつこつ続ける力 ）

①宿題　　学校の宿題を全部やりとげて、提出日に先生に出しています。　　　　４ー３ー２ー１

②習慣　　家庭学習の時間と内容を決めて、毎日こつこつとりくんでいます。　　４ー３ー２ー１

③復習　　学校の 授業 で学んだことを、家に帰ってから 復習 しています。　　４ー３ー２ー１

生活習慣 （ 規則正しく健康な生活をする力 ）

④時間　　一日にテレビを見る時間や、ゲームやメールをする時間を決めています。　４ー３ー２ー１

⑤睡眠　　毎日、早寝早起きをしています。　　　　　　　　　　　　　　　　　　４ー３ー２ー１

⑥食事　　毎日ほとんど同じ 時刻 に、朝ご飯と晩ご飯を食べています。　　　　　４ー３ー２ー１

自律心 （ 自分から進んでとりくむ力 ）

⑦準備　　次の日の 授業 に必要な教科書やノートなどは、前の日に自分で 準備 しています。　　４ー３ー２ー１

⑧整理　　家では学習をしている場所を整理し、いらないものはかたづけています。　　４ー３ー２ー１

⑨自律　　学校の先生やお家の人にいわれなくても、自分から進んで家庭学習をしています。　　４ー３ー２ー１

資料６-２　　家庭学習力アンケート（小学校高学年用）

自己学習力 （自分で決めて学習する力）

⑩計画　学校のテストや試験の前には、家で計画を立てて学習にとりくんでいます。　　4 ― 3 ― 2 ― 1

⑪目標　ページ数や問題の数、時間、点数など、やりとげる目標を決めて学習しています。　4 ― 3 ― 2 ― 1

⑫教えあい　学校の友だちと、宿題や自主勉強について教えあったり励ましあったりしています。4 ― 3 ― 2 ― 1

自己コントロール力 （やりたくないこともがんばる力）

⑬苦手　家で学習するときは、苦手な教科もしっかりと学習しています。　　　　　　4 ― 3 ― 2 ― 1

⑭集中　家では、テレビやゲーム機、ケータイなどをつけないで集中して学習しています。　4 ― 3 ― 2 ― 1

⑮克服　やりたくない難しい問題や課題でも、自分から進んで学習しています。　　　4 ― 3 ― 2 ― 1

自己マネジメント力 （自分のふり返りをしてよりよくする力）

⑯記録　毎日家でどんな学習をしたか、ノートなどに記録をつけるようにしています。　4 ― 3 ― 2 ― 1

⑰反省　計画したとおりに家で学習できたかどうか、ふり返って反省しています。　　4 ― 3 ― 2 ― 1

⑱改善　自分の家庭学習のしかたをふり返って、改善しています。　　　　　　　　　4 ― 3 ― 2 ― 1

生涯学習力 （おとなになっても学ぼうとする力）

⑲社会　ふだんからテレビのニュースや新聞記事で、社会の動きを知るようにしています。　4 ― 3 ― 2 ― 1

⑳辞書　家でも辞書を引いたり、事典やインターネットでわからないことを調べています。　4 ― 3 ― 2 ― 1

㉑読書　マンガだけでなく、いろいろな種類の本を読むようにしています。　　　　　4 ― 3 ― 2 ― 1

自己成長力 （自分をもっと成長させようとする力）

㉒評価　自分の家庭学習で、できているところとできていないところがわかっています。　4 ― 3 ― 2 ― 1

㉓得意　自分の得意なことを伸ばすために、宿題のほかに自分から進んで家で学習しています。4 ― 3 ― 2 ― 1

㉔夢　将来やりたい仕事や行きたい学校の夢をもって、家で学習をしています　　　　4 ― 3 ― 2 ― 1

第 **7** 章

タブレット活用に
ついてのＱ＆Ａ

Q1　家庭にタブレットを持ち帰らせてよいでしょうか？

A1　それぞれの自治体や教育委員会のルールによって違います。

　子どもたちは、せっかく自分専用のコンピュータをもらえたのですから、家に帰ってネットゲームをしたり、ビデオを見たりして楽しみたいと思うのも無理はありません。

　一方、保護者の考え方は複雑でしょう。

　たとえば、休校期間中の学力低下が心配になるため、無償配布されたタブレットや家庭用無線ルーターを用いて、学校から配信されるオンライン授業にしっかりと参加したいと思うかもしれません。

　しかしその一方で、落下による破損も心配になりますし、ただでさえ重たいランドセルがいっそう重くなることも子どもの負担となるため心配になるでしょう。

　さらに、家庭に持ち帰るタブレットでインターネットに接続することで、ネット上の犯罪やいじめに巻き込まれてしまう危険性が高まるのではという不安もあるでしょう。

　どちらにしても大切なことは、破損に関する交換の基準（p.150のQ3参照）やネット上のセキュリティー対策の方法を決める教育委員会のルールに従うことが必要になります。

　教育委員会によっては、持ち帰りを上記のような心配から禁止にするところもあるでしょう。

　逆に、新型コロナウイルス感染拡大防止のための休校措置に備えて、オンライン授業を拡充することを大切にし、そのためのタブレット活用による家庭学習や宿題を重視する教育委員会では、ネット上のセキュリティー対策を充実させた上で、1人1台端末の持ち帰りを奨励するところも出てくるかもしれません。

　ですから、各学校において校長の判断で決められる状況になったとしても、所轄する教育委員会の定めるルールに従って管内の小・中学校で一致した方針に基づいて持ち帰りルールを運用することが大切です。

Q2　一日最大限利用可能な時間はどれくらいでしょうか？

A2　学校では授業１コマ分、家庭では30分程度にしましょう。

　１人１台端末が配布されると、政府も地方自治体でも、「いつでもどこでも使えるコンピュータを１人１台無償貸与」というキャッチフレーズが多く聞かれることになるでしょう。

　確かにこのメッセージは間違ってはいません。

　この「いつでもどこでも」というのは、英語では、「ubiquitous」と書きます。スマホやタブレットの普及によってコンピュータとネットワーク機能がいつでもどこでも使える社会が来たことを、「ユビキタス社会の到来」といいます。

　しかし、ユビキタスは子どもの健康を考えると、「いつまでもどこまででも」ではないのです。

　子どもたちの目の健康やネット依存症と呼ばれる健康被害が指摘されるようになってきて、長時間のコンピュータやスマホの使用には制限を設ける必要性が強く意識されています。

　実際に、2020年３月から３か月以上もの休校要請があり、自宅で毎日のように数時間のオンライン授業があり、また、子どもたちもそれまで以上にネットゲームやテレビ視聴を楽しんだため、子どもの眼精疲労が大きな問題となりました。

　そのような前例がある中で、さらに１人１台端末を長時間使うとなると眼精疲労はおろか、視力の低下や頭痛の増加、いろいろな目の病気や依存症の発生が心配されます。

　ですから、すでにゲームやテレビでモニターを長時間見つめている子どもたちにとって、家庭で新たにタブレット活用に割り当てる時間は、最長30分程度に限定して用いるといったルールをつくり、子どもたちや保護者の方に守ってもらえるよう依頼することが大切です。

　教育委員会の設定した使用基準や学校医のアドバイス、そして子どもたちの健康の状況に関するデータをもとにして利用してください。

Q3 紛失や破損した場合、代替機は無償貸与になりますか？

A3 残念ながら現時点では、そうした予算的措置はありません。

　現時点（2021年2月）では、まだ文部科学省からは、配布した1人1台端末が紛失したり破損したりした場合の代替機を、再度無償貸与するための予算措置はしていません。

　また、各市町村教育委員会でも、いつでも無償で再配布するとか無償修理を何度でも行うといったことを決めているところはありません。

　子ども用の教具ですから、その強度や安全性を担保することはいうまでもありません。たとえば、機器全体をラバー素材で包んだり、モニター部分のガラスやプラスチックが飛び散らないようにするフィルムを貼ったりすることも検討されています。

　しかし、子どもたちが毎日のように授業で10分〜20分は使うでしょうし、休み時間や始業前に短時間使うこともあるでしょう。

　そうすれば、どうしても破損や故障は付きものです。

　最も望ましい施策は、各教育委員会のほうで、管轄下のすべての無償貸与のタブレットや薄型ノートブックに保険を付けて、無償でのリプレイス（代替機の配布）を可能にしてほしいと願っています。

　保険会社の努力で、ぜひとも安価な保証プランを実行していただきたいと思います。

　そうしなければ、保護者に4万円以上の端末費用負担を、深刻な破損や故障があるたびに求めなければならなくなり、それなら1人1台端末はもういらないといった判断をする保護者も増えてくるかもしれません。

　自分用の端末を4年間程度は使うことになるわけですから、各クラスの10％程度の深刻な破損・故障は十分に考えられます。

　そうなれば、せっかく家庭の情報格差をなくし、ユビキタス社会の実現のための公的保障として、1人1台端末を無償貸与することを決めた政策に、正統性がなくなってしまいます。

Q4　タブレットを隠したり壊したりといったいじめが心配です。

A4　いじめ防止教育を各学校でしっかりと実践することが必要です。

　筆者は、毎年大変多くの先生方と一緒に授業づくりと学習評価の実践研究に取り組んでいますが、GIGAスクール構想による1人1台端末の無償配布を心底から喜んでいる教師は少数派なのではないかと思っています。

　その理由は、やはり1つの狭い教室と子どもたちの小さな机の引き出しの中に、最大で40台もの電子機器が入ることによって、さまざまなトラブルが起きて、その解決のための対応が大変になることを予想している教師が多いと思うからなのです。

　予想されるトラブルは、バッテリー切れ、砂やほこりによる故障、落下による破損、同時アクセスによる回線渋滞、教室無線Wi-Fiの不通、原因が特定できないソフトウエアの誤動作、せっかく作ったファイルの紛失、クラウドへのアップロードの失敗、など限りがありません。

　その中でも、とくに先生方が心配しているのが、ネットいじめとタブレットいじめでしょう。前者についてはQ7で解説しますので、ここではタブレットいじめについて考えてみましょう。

　タブレットいじめとは、これまでのいじめで鉛筆や筆箱、靴などを隠したり捨てたりしていたのと似ていて、友だちのタブレットを隠したり見ていないところで壊したり、また、ゴミ箱に捨てたりするいじめです。

　対象が鉛筆等とは異なり、大変高価で交換が難しいものであるだけに、いじめられた子どものショックはいっそう大きくなり、事態もいっそう深刻になります。保護者も巻き込まれた騒動に発展します。

　したがってこれからは、道徳科の授業でタブレットいじめを取り上げたり、特別活動の時間にいじめ防止活動を考えたり、タブレットいじめ防止を考え実践する学校行事を新規に設定するなどの対策が不可欠になります。

Q5 ノートや黒板、ホワイトボードとどう併用すればよいですか？

A5　長所を生かし短所を補うように組み合わせて活用しましょう。

　子どもたち全員に高価で高機能なタブレットや薄型ノートブックが配布されるのですから、もう黒板の役目は終わったとか、ノートを手書きで書く時代ではないとか、ホワイトボードもいらないのではないか、といった声も聞こえてきます。

　なぜなら、1人1台端末と教室の大型タッチ式モニター、そしてクラウド型共有化ソフトウエアが導入されれば、確かにこれまでの教具やツールが担っていた役割は、ほぼすべてデジタル化して置き換え可能になるのですから、そうしたレガシー教具はいらなくなるといった説が出てくるのも不思議ではありません。

　しかし、本当にそうなのでしょうか。台風や大雨で一時的に停電になるという緊急事態への対応は別としても、平時でもノートや黒板、ホワイトボード、発表用画用紙などは必要なくなるのでしょうか。

　1人1台端末をすでに試行的に使っている先生方のすばらしい授業を見てみると、実は多様な教具やメディアをうまく組み合わせて使っていることに感心させられることが多いのです。

　たとえば、一日の流れで見てもタブレットを使えるのは合計30分程度が限界ですから、5、6時間目まである中でタブレットを使う授業と紙や鉛筆、黒板を使う授業をバランスよく配置することはもちろんです。

　さらに、大型タッチ式モニターで表示しきれない資料や常時掲示しておきたい資料は黒板に貼付し、子どもたちに具体物を操作させて可視化しながら発表させるほうがよいときは黒板を使ってよいのです。

　ノートはそれまでの学習の流れが一覧しやすいというメリットがあり、自分で構成を考えて整理して書く力を身につけやすいのです。ホワイトボードや画用紙は、すぐ書けて見やすいという長所があります。子どもたちの発達段階をふまえた組み合わせ利用を工夫してみてください。

Q6 無償配布後、何年後に新しいタブレットがもらえるのですか？

A6 　1人1台端末の定期的な無償更新は予定されていません。

　通常、タブレットや薄型ノートブックは、4年もすればいろいろな故障や不都合が起きてくるものです。まして、小学校の入学時に使い始めた時点で高機能であっても、6年生まで持ち上がっても電子機器を快適に使い続けられるなどとは考えられません。もちろんその頃には、技術もさらに発展して機種更新が必要な時期となっていることでしょう。コンピュータ・メーカーは、そもそもバージョンアップによって利益を得るビジネスモデルを展開しているからです。

　しかし現時点（2021年2月）では、文部科学省による予算にも各自治体の予算にも、4〜5年後を見通した機種更新の予算化などは予定されていません。

　もちろん、コンピュータ・メーカーもGIGAスクール構想を推進するマネジメント会社も4〜5年後に第2次GIGAスクール構想の予算化を願っていないはずはありませんので、政府と協力して事業継続のアイデアを生み出していただきたいのです。

　また、無償配布開始の年度の後に毎年新1年生になる子どもたちは、定期更新があるまではずっと上の学年の中古タブレットを使い続けるようになります。つまりリサイクル方式で、小学校3年生が使っていたタブレットは新1年生に、小学校6年生が使っていたタブレットは新4年生に循環して引き継がれることになるのです。新中学校1年生には旧3年生の中古品が渡されます。自分が使っていたタブレットを卒業後に進学先の学校へ持っていくことはありません。進級していく間、ずっと自分が使えるわけではありません。こうした校内での中古タブレットのリサイクル利用には、故障や破損という問題がつきまといます。

　そのほかに、他地域から転入してきた児童生徒への無償配布をどうするかといった問題もあります。早急な支援策を文部科学省と各教育委員会に検討していただきたく思います。

Q7　ネット犯罪から子どもたちを守るためにはどうすれば よいですか？

A7　学校と家庭が協力し、子どもたちと共に宣言文を作りましょう。

　今日では、子どもたちの多くが自分用のスマホを持つようになり、便利になった面も多いのですが、一方で、SNSや対話型メールソフトを使った犯罪に子どもたちが巻き込まれる事件が後を絶ちません。

　1人1台端末が配布されると、ネット犯罪の被害件数が増えることが危惧されます。

　筆者は、文部科学省が提唱し学習指導要領に記載されている「情報モラル教育」では、子どもたちをネット犯罪から守ることはできないと思います。なぜなら、ネット犯罪が多発する危険なネット社会では、モラルを守りネット犯罪者に対して「礼儀正しく、公平公正に、やさしく思いやりの心で接して」いれば、間違いなく子どもたちは犯罪被害者になってしまうからです。道徳で犯罪を回避することはできません。

　そこで、筆者らは、インターネット上で出会う危険性のある多種多様な犯罪から子どもたちを守るために、子どもたちがネット犯罪の知識を身につけるとともに、危機管理力や危機判断力、そして危機回避力などを身につけるように支援する、ネット安全教育という教育のあり方を提案しました（田中博之編著『ケータイ社会と子どもの未来―ネット安全教育の理論と実践』メディアイランド、2009年参照）。

　世界の教育先進国で、子どもたちをネット犯罪から守れない情報モラル教育を実施しているのは日本だけです。世界では、e-Safety教育やDigital Safety教育などと呼称は違っていても、モラル教育ではなく安全教育を行っているのです。

　もちろん犯罪があるからといって、子どもたちから情報通信テクノロジーを奪うことはできません。一日も早く、1人1台端末が配布される前に、文部科学省には政策転換をして、子どもたちをネット犯罪から守るネット安全教育や情報安全教育を推進していただきたいと願っています。

Q8 オンライン授業に入れない子への効果的な対応のしか たはありますか？

A8 子ども主体の授業づくりとネットワークづくりが鍵になります。

　2020年3月からの全国一斉休校措置によって、子どもたちの学習権を保障し子どもたちの学びたいという意欲を止めないために、種類や程度はさまざまであってもオンライン授業やオンデマンド授業が行われました。

　その中で大変興味深いことに、不登校の傾向があった子どもたちがリアルタイム・オンライン授業なら話しやすい、入りやすいということで授業に参加してくれたといううれしいニュースもありました。

　しかしその一方で、「オンライン授業は退屈だ」「オンライン授業では発言しにくい」「オンライン授業では先生が自分のほうを見てくれない」などの理由で、参加することが難しかった子どもたちもいました。

　1人1台端末が配布された後で、そうした残念な状況を回避するために学校でできることは、次の2点になるでしょう。

　1つめは、リアルタイム（同期型）であってもオンデマンド（非同期型）であってもオンライン授業をするときには、できる限り子ども主体で参加型の授業を工夫することです。

　たとえば、体操をしている様子や描いている絵や作った粘土細工、さらに、紙に書いた自分の考えを見せ合うと効果的です。また、あまり学力向上や知識習得をねらいとした難しい内容を多くせず、逆に技能系教科の授業を先にオンライン化するといった特色のあるカリキュラム・マネジメントをすることも大切です。

　2つめに、オンライン授業を終えた後に、授業中の友だちのがんばりへのほめほめコメントをメールで伝え合わせたり、教師からのサポートメールを多めに出したりして、思いやりと認め合いのネットワークがクラウド活用によって広がるような工夫をしてみてください。

　最後に、ハイブリッド型オンライン学習（6章6参照）では教室で学ぶ子どもたちとオンラインで学ぶ子どもたちの交流をすると効果的です。

掲載事例提供学校一覧

　本書に掲載されている写真や資料は、実践当時の学校や現任校などの以下の学校からご提供いただきました。記して感謝申し上げます。ありがとうございます。

※実践掲載順
さいたま市立土呂中学校
戸田市立戸田東小学校
大阪市立茨田南小学校
大阪市立本田小学校
戸田市立新曽小学校
豊田市立藤岡南中学校
品川女子学院中等部
天草市立本渡南小学校
小松市立芦城中学校
豊田市立藤岡中学校
石川県立金沢錦丘中学校
郡山市立小原田中学校
鳥取市立千代南中学校
学校法人普連土学園中学校・高等学校

著者紹介

田中 博之 （たなか・ひろゆき）

早稲田大学教職大学院　教授
専門は、教育工学及び教育方法学。1960年北九州市生まれ。大阪大学
人間科学部卒業後、大阪大学大学院人間科学研究科博士後期課程在学
中に大阪大学人間科学部助手となり、その後大阪教育大学教授を経て、
2009年4月より現職。1996年及び2005年に文部科学省長期在外研究員
制度によりロンドン大学キングズカレッジ教育研究センター客員研究
員を務める（マーガレット・コックス博士に師事）。研究活動として、
学級力向上プロジェクトのカリキュラム開発、道徳ワークショップの指導法の開発、アクティブ・
ラーニングの授業開発等、これからの21世紀の学校に求められる新しい教育手法をつくり出して
いく先進的な研究に従事。

◆著書
『総合的な学習で育てる実践スキル30』明治図書出版、2000年（単著）
『フィンランド・メソッドの学力革命』明治図書出版、2008年（単著）
『子どもの総合学力を育てる』ミネルヴァ書房、2009年（単著）
『ケータイ社会と子どもの未来』メディアイランド、2009年（編著）
『フィンランド・メソッド超「読解力」』経済界、2010年（単著）
『学級力が育つワークショップ学習のすすめ』金子書房、2010年（単著）
『言葉の力を育てる活用学習』ミネルヴァ書房、2011年（編著）
『学級力向上プロジェクト3』金子書房、2016年（編著）
『アクティブ・ラーニング実践の手引き』教育開発研究所、2016年（単著）
『改訂版 カリキュラム編成論』NHK出版、2017年（単著）
『アクティブ・ラーニング「深い学び」実践の手引き』教育開発研究所、2017年（単著）
『実践事例でわかる！ アクティブ・ラーニングの学習評価』学陽書房、2017年（単著）
『新全国学テ・正答力アップの法則』学芸みらい社、2019年（単著）
『「主体的・対話的で深い学び」学習評価の手引き』教育開発研究所、2020年（単著）

ほか多数。

メールアドレス：hiroyuki@waseda.jp

GIGA スクール構想対応
実践事例でわかる！ タブレット活用授業

2021年3月19日　初版発行
2021年4月13日　2刷発行

著　者―――田中　博之

発行者―――佐久間重嘉

発行所―――学 陽 書 房
　　　　　　〒102-0072　東京都千代田区飯田橋1-9-3
営業部―――TEL 03-3261-1111／FAX 03-5211-3300
編集部―――TEL 03-3261-1112
　　　　　　http://www.gakuyo.co.jp/

ブックデザイン／スタジオダンク　DTP 制作・印刷／精文堂印刷
製本／東京美術紙工

アクティブ・ラーニングの評価に悩むあなたに！

A5判・並製・176ページ
定価2,200円（10%税込）

新学習指導要領に対応した学習評価がよくわかる！
アクティブ・ラーニングの授業における自己評価や相互評価、教科別評価などの情報が満載！
さらに、定期考査の改善方法や学力調査の活用方法などさまざまなシーンにも対応。